_____ 님께

모든 아쉬움과 후회의 순간들을 깨끗이 털어 내고
아름다운 2025년, 가을과 더불어 오는 모든 시간들에
사랑하는 독자 한 분, 한 분께 부디 "늘 행복하시라~"는
제 마음 속 깊은 감사함을 담아, 이 책 한권을 보내 드립니다.

2025년 가을에
작가, 김윤미 드림

누구라도 한 번쯤,
꽃 피우지 않으리

김윤미 지음

누구라도 한 번쯤,
꽃 피우지 않으리

좋은땅

목차

11　　서문: 누구라도 한 번쯤, 꽃피우지 않으리

늘 그리운 나의 고향

14　　내 고향 가는 길
15　　내 유년의 꿈속에서
16　　너와 나
17　　8월의 일기
18　　어느 이별 곡
19　　울 밑에 선 봉선화야
20　　내리는 10월의 비
21　　익숙한 이별의 방식
22　　나는 그것이 알고 싶다!
24　　내리는 흰 눈과 추억의 한 페이지
26　　남편의 험난했던 한국 방문기
34　　그 누구도 알 수 없었던 나의 길
35　　새봄 예찬
36　　밤의 일기
37　　11월의 편지
38　　단풍 예찬
39　　문득, 내 삶을 돌아보다
42　　나의 여고 동창회

눈 감으면, 옛 집의 추억

46 4월에 도착한 뉴저지의 집
48 그 바닷가의 바람 소리
50 오래된 한 장의 사진
52 사루비아 연가
54 한여름 밤의 블루스
55 배롱 나무 꽃들이 한가득 피어나고
57 12월, 성탄 절기에
58 또 한 해를 보내며
59 신년의 기도
60 부산, 동백 섬에서
61 봄 비는 내리고
62 다시, 나의 삶에게
63 5월의 어느 오후
64 창밖에는 봄
65 봄, 민들레 연가
66 어린 왕자로부터의 편지 2
67 나는 수요일이 좋다
68 내 삶의 보석들

눈 떠 보니, 여기는 조지아…!

72	첫 조지아 방문기
77	초 가을의 저녁 산책
78	9월, 한낮의 단상
80	큰 소나무 이야기
82	우리 집 안에 들어온 담쟁이
84	가을 비는 속절없이 내리고
85	나의 그리운 친구들에게
86	행운 목의 새로운 운명
88	내 사랑하는 딸들이 떠난 자리
90	태양의 서커스 "코르테오" 관람기
94	8월의 블루스
95	늦여름의 꽃
96	내리는 세찬 비가 좋은 이유
98	작은 '동물원' 같은 우리 집
101	새벽 미명의 노래
103	화양연화 1
104	화양연화 2
105	우연, 혹은 필연
108	내 삶의 바람 소리
110	초 가을에 든 생각
111	남부의 꽃, Magnolia Grandiflora
114	한여름의 꽃
115	10월의 단풍나무

영화와 시 이야기

118	1: BECOMING ASTRID
120	2: (고) 이선균 주연 영화 2편
122	3: 소풍(2023년 개봉)
124	4. '한강' 작가의 소설로 제작된 영화 2편
127	시평 1: 피고 지는 일 (허향숙)
129	시평 2: 바람에게 (이해인)
131	시평 3: 춘방 다방 (노향림)

포토 에세이

136	친정 엄마와 함께 한 일본여행
147	친구들과 속초에서
151	자라 섬 나들이
154	지리산 화엄사의 단풍 길
158	새해 맞이 여행-양양의 낙산사
163	가평, 아침고요 수목원
167	속초의 청초호와 영랑호
171	서울, 인사동 거리에서
174	옛 영락 교회 이야기
176	눈 내리는 날, 덕수궁에서
178	가을 빛 물든 경복궁에서

소설	185	1. 미시령 고갯길에서
중편 소설:	188	2. 길고 긴 인연의 길
그때 우리는	192	3. 다시 봄
	197	4. 긴 벚꽃 길 위에서
	200	5. 한여름의 세레나데
	203	6. 가을은 깊어 가고…
	206	작가 후기

서문: 누구라도 한 번쯤, 꽃피우지 않으리

누구라도 한 번쯤, 꽃처럼
인생이 환해지는 날이 있지 않으리
사람이든, 꽃이든, 너와 내가 봉우리
겨우 맺히던 이른 계절에 만나
서로에게 꽃으로, 잎으로 다가서지 않았으리

아…! 그러나 계절이 바뀌어
꽃도 지고, 잎도 지는 쓸쓸한 날이 찾아와서
너와 내가 다시 꽃으로 만나지 못해도,
그 시절로 다시 돌아 가지 못한다 해도
나는 너의 꽃피던 시절을 끝끝내
응원하지 않았으리

길거리의 노랗고, 붉은 낙엽들이
수도 없이 떨어지던 그날이 온다 해도
너를 여읜 내 쓰라린 눈물은
겨울의 눈처럼 얼어붙지 않았으리
한겨울 윙윙 소리를 내며 울어 대던
저 바람 소리조차, 너의 가슴 떨리는
창백한 노래로만 들리지 않으리

나 홀로 다시 꽃피는 봄을 보지 못한다 해도
다시 저 새처럼 즐거운 노래 부르지 못한다 해도
너의 꽃피던 시절을 나는 눈물로 얼어붙어서라도
끝끝내 응원하지 않았으리

얼어붙은 겨울 나무 가지 위로, 어제 밤새 울던
저 한 마리 새가 푸드득 소리 내며
높이 날아오르던, 아…! 그것은
내게 다시 못 올, 지나버린 계절의
눈물 스미는 새벽 풍경이어라

늘 그리운
나의 고향

내 고향 가는 길

　친정 어머니를 모시고 미국, '조지아' 주에서 한국 '인천공항'으로 오는 길은 멀고도 험난했다. 무려 새벽 3시에 택시를 타고 우리 집에서 애틀랜타 공항으로 왔다. 이 공항은 미국 내에서도 가장 바쁘고 복잡한 큰 공항이다. 애틀랜타 공항에서 뉴욕의 JFK 공항에 도착 후, 몇 시간 지나 아시아나 비행기로 14시간의 긴 비행 끝에, 드디어 한국의 인천 공항에 도착. 또 긴 입국 절차 (내가 외국인 신분이어서) 후에 짐을 찾고, 경기 택시를 타러 한참을 이동한 후 에야, 겨우 늦은 밤에 내 오피스텔이 있는 '용인'에 도착했다!

　거의 30시간 이상을 비행기 내부와 연결 편 공항에서 보낸 것이다. 이제 나이가 드신 엄마도, 나도, 너무 지쳐 정신이 하나도 없었다. 이젠 나이가 있어서인지, 이전과는 달리 '시차 극복'도 쉽지 않다. 정말 멀고 먼 고향 오는 길이다!

　그러나, 이렇게 힘든 여정을 거쳐, 이제서야 그립던 한국에서의 '평범한 일상'이 시작되었다. 뭐든, 쉽게 얻어지는 것은 없는 법이다. 시간이 지날수록, 고향에서의 삶은 더욱 귀하고, 어떤 꽃보다도 아름답다.

내 유년의 꿈속에서

막 자란 풀잎이 뒤엉켜 핀 푸른 들판에
아무도 모르게 하얀 들꽃들이 흰 눈처럼
무더기로 피어 났었다네

흰 구름도, 눈부신 푸른 하늘도, 앞집 민수가
한 아름 내게 꺾어다 준 흰 꽃 무더기도
달빛을 받아 새하얗게 부서지는 그곳

아…! 잊지 못할 내 어릴 적 꿈 속에서처럼
그곳은 눈물로 얼룩진 잊지 못할
고향에서의 달밤이었다네

너와 나

네가 있어서 내 삶이 그다지 초라하지 않았다

너와 더불어 사는 삶이 고마워서
행복한 하루가 내 곁에서 서서히 저물고

먼 길을 와서 우리 동네의 바닷가 길을 손잡고
같이 걸었던 내 소중한 벗들이여

나는 그대들이 오래도록 내 곁에서
눈물겹도록 행복했으면 좋겠다

8월의 일기

요즘은 책 하나도 들춰 보기가 힘들다
우리 곁에 있는 소소한 행복은
과연 어디에 숨어 있기에
오랜만에 집 앞뜰의 들꽃을 꺾어
내 책상 앞에 가득히 꽂아 두었더니
메말라 가던 내 마음에도 한가득
8월의 여름 꽃이 환하게 핀다

내가 제일 좋아하는 계절은 가을이다
소란스러운 긴 여름이 가고
어느덧 붉은색으로, 노랑색으로
찬란하게 빛나는 낙엽을 밟으면서
양 갈래로 머리 묶고 친구들과
즐겁게 가을 소풍 가던 그 시절이
아… 그립고도 그립다

어느 이별 곡

자랑스러운 너의 모습을
나는 멈추어 사진으로 담아 보았지
햇살이 다사로운 새로운 하루가
서서히 창가에서 시작하려 할 때

우리는 삶의 의미를 찾아
저 먼 무지개 동산을 헤매었던가
그러나 우리가 알지 못했던
저 길 위에서였던가 문득
작별을 고하던 너의 젖은 목소리

그러나 나의 오랜 벗들이여
잊지 말기를
그곳이 아니면 어떠하리
그 이별이 아니었다면 이제
우리에게 남겨진 저 길은
과연 무엇이었을까

울 밑에 선 봉선화야

울컥하는 제 마음을 오롯이
당신께 전합니다
오래전 그리운 당신이 저 언덕 아래의
숨겨진 세상을 바라보면서
내게 왜 사느냐고 묻거든
에둘러 나 또한 행복이었다고
당신에게 수줍게 말하겠습니다

선연히 타오르던 불꽃 같은 예감이
저 봉선화 꽃잎처럼 붉게 타올라
선명한 6월의 꽃향기가
이렇게 아름다운 계절이라니요

화려한 삶이나 남루한 삶도
누구에게나 공평하고 결국
그 끝은 마찬가지 아닐까? 하며
저 뻐꾸기 우는 고향에서
노을 빛으로 붉게 물든 봉선화를
마냥 마음 속으로만 온종일 그려 봅니다

내리는 10월의 비

이제 여름은 다 지났건만
천둥 번개가 창가에 몰아 치고
날씨는 세찬 비바람을 몰고 온다

우리 곁에서 천천히 가을이 지나가려는지
추스레한 가을 낙엽들이 그리운
내 고향 길에 수북이 떨어져 내린다

낙엽은 추억을 지닌 채로 한없이 추락하고 있다
시간도 추억도 다 지나가 버릴 가을의 한때인 것을

익숙한 이별의 방식

　참 이상하다! 몇 달을 지낸 한국에서의 삶을 정리하고 다시 미국에 들어가려고 하니까, '이별'이란 단어가 새삼 다르게 느껴진다. 늘 마음속으로 '내 고향'을 그리워하며 지낸 미국에서의 삶이었는데, 요즈음은 막상 와 보니, 이제 "내 고향은 이곳이 아니었던가?" 싶었다. 그곳은 내 사랑하는 착한 남편과 예쁜 두 딸들이 있는 곳! 내가 청춘을 바쳐 공부하고 삶의 터전을 이룬 곳! 그곳은 때로 고통의 땅이기도 했고, 슬픔의 장소이기도 했다. 그러나 이제 타국은 내 고향이 되어가고, 내 마음속 고향은 점점 나에게서 멀어진다.

　나는 늘 '떠나는 길' 위에서 살아왔다. 이제 다시 짐을 싸며 이곳의 삶을 뒤돌아본다. 그것은 슬픔도. 기쁨도 아니었다. 단지 내 '방향성의 문제'였다! 늘 그리웠던 고향도 장소가 아닌, 마음의 안식을 찾는 곳이 바로 '고향'임을 깨닫는다. 나는 내일 비행기를 타고 14시간의 긴 비행이 끝나면 미국에 도착해서 그리운 가족을 만나고, 그들과 같이 따뜻한 음식을 먹으며, 다시 나는 행복하다고 글을 쓸 것이다! 친구들과 함께 한 시간들은 과연 봄의 꽃들보다 아름다웠다. 내가 다시 찾아올 내년 가을에, 그녀들과 10월의 울긋불긋한 낙엽 길을 같이 걸을 수 있을런지…!

나는 그것이 알고 싶다!

　내가 지금 다니고 있는 '마취 통증 신경외과'에는 심각한 통증을 가진 사람들이 매우 우울한 얼굴로 드나든다. 그런데 이 병원의 바로 옆에는 화려한 '댄스 스튜디오'가 자리잡고 있다. 원래 댄스 스튜디오가 2층의 반을 자리잡고 있었는데, 나머지 반의 공간에 병원이 들어왔다. 평일의 낮이어서 그런지, 중·장년층의 남.녀, 혹은 노년기에 접어든 매우 건강하신 노인분들이 열심히 드나 드신다. 내가 부러움 반, 호기심 반으로 그 안을 들여다 보니, 온갖 화려한 복장의 남.녀 무리가 흥겨운 음악에 맞추어 즐겁게 춤을 춘다. '스포츠 댄스'라고 하던가!

　그들과 현재, 나의 처지를 돌아보았다. 지금 목이나 허리 디스크, 관절, 척추관 협착증, 손목이나 엘 보우 통증 등으로 이 병원에 드나드는 사람은 대부분 가방 끈이 제법 긴 사람들, 그래서 컴퓨터나 사무직으로 오래 앉아 일을 하던 사람들이다. 거의 안경을 쓰고 직원을 대하는 매너도 좋고, 밀투도 아주 점잖은 분들이시다. 그에 반해 댄스 스튜디오에 드나드는 사람들은 대부분 우리가 학창시절, 소위 쉽게 말하던 '날라리'라 불리던 분들일 것이다. 그들의 얼굴에는 지적인 부분이 상당히 부족함이 엿보이고, 흥겨워 웃는 웃음은 좀 천박스럽게 보인다. 아마도 이것은 '댄스'라 고는 전혀 접해 보지도 못한, 나의 일방적인 '편견'일지도 모른다.

　그러나 과거의 그들이 학창 시절에 어떤 삶을 살았든지 간에 현재, 그들은 매우 건강하고 행복해 보인다. 마치 오늘만 사는 '불나방' 같이 화려한 조명 아래, 흥겨운 음악에 맞춰 현란한 스텝을 선보이는 그들을 보며, 나는 미처 생각해 보지 않던 뜻밖의 '질투심'이 슬며시 생긴다. 큰 책상 앞에서 책만 들여다보던 세월이 지나고 나니, 나는 목 디스크와 거북 목이 생겼다. 지금도 글을 쓴다고, 그전에는 늦은 공부로 학위 논문을 쓴다고 내내 컴퓨터 모니터만 들여다본 결과, 손목과 어깨에 통증이 생기고, 허리 디스크까지 얻었다.

"왜 이렇게 삶은 불공평한가?"

공부 잘한다고 학창시절에 선생님들께 많은 예쁨을 받고, 친구들에게도 인정받고, 그후 좋은 대학에 입학하여 잠시 동안 나 스스로에 대한 자부심이 있었지만, 지금 와 보니, 아무 쓸데없는 일이었다. 필요 없는 지식으로 괜히 머리만 무겁고, 가슴 속에는 스트레스만 많은 세월이었다. 나도 저들처럼 단순하게 살고 싶다는 생각이 든다. 화려한 조명을 받으며, 그 아래에서 현란한 춤을 추는 그들이 몹시 부러운 오후였다. 그러나 집에 돌아 와서, 나는 내가 평소에 좋아하는 클래식 음악을 크게 틀어 놓고, 다시 책상 앞에 앉아 오늘의 하루 일과를 컴퓨터 자판기에 열심히 두드리고 있다.

그러나, 이것이 누구 와도 바꾸지 않을 '나만의 삶'인 것을 어찌 하랴!

내리는 흰 눈과 추억의 한 페이지

정말 눈이 펑펑 내렸다. 한국에서는 드물게 보는 큰 눈이었다.

그것도 올해 내리는 첫눈인데, 오랜만에 길이며 나무 위에 무겁게 쌓인 눈을 바라보다가, 흰 눈을 원 없이 밟으며 "뽀드득~ 뽀드득" 소리를 들어 보았다. 이 첫눈은 유난히 습기가 많은 눈이라 길은 온통 엉망이 되었고, 자동차가 움직이지 못해 마치 주차장 같은 모습이다. 그래도 흰 눈이 펑펑 쌓인 것을 집안에서 바라보기는 좋지만, 길에서 움직이는 사람은 얼마나 힘들 것인가?

이렇게 첫눈 오는 날이면, 내가 20대의 초반, 신촌의 E대학교 다닐 때였었던가! 첫눈이 오면, 경복궁의 박물관 옆의 찻집-'다원'에서 만나자고 막연한 약속을 하곤 했었다. 그리고는 첫눈이 오는 날이면, 친구들과 오후의 수업도 다 빼먹고, '다원'의 큰 창가 옆에서 내리는 눈을 바라보며, 누군가를 하염없이 기다리던 그 시절이 생각난다. 한참을 기다리다 보면,

'다원'의 가게 전화로 "수업이 늦게 끝나니 기다려 달라"는 참 황당하고 어이없는 전화를 받기도 하고, 나 또한 "수업이 늦게 끝나니, 저녁 7시까지 기다려 달라"는 엉뚱한 메모를 남기기도 하였다. 아래의 사진은 눈 오는 날, 경복궁의 모습을 사진으로 담아 본 것이다. 지금 생각해 보면, 참 낭만이 있었던 시절이 아니었던가!

아니, 대책 없는 낭만과 끝도 없는 기다림과 누군가에 대한 그리움만이 차고 넘치던, 다시는 돌아갈 수 없는 나만의 눈물겹도록 찬란했던 '이십 대'의 시절이었다!

남편의 험난했던 한국 방문기

　남편이 결국 우여곡절 끝에 무사히 원래 출국 날짜대로 출국하였다. 항공사에서는 이런저런 수술에 관련된 여러 서류들과 수술하신 의사 선생님의 '탑승 승인서'를 달라 하였고, 심한 감염의 경우, 출국이 제한된다고도 하여서 새벽에 남편과 같이 공항에 가면서도, 영 마음이 놓이질 않았다. 결국 출국 수속을 거쳐, 무사히 보딩 패스를 받고, 휠체어에 앉아 출국장으로 들어가는 그의 모습은 참 안쓰럽기만 하다. 사실, 나도 이런 황당한 경우를 처음 보았고, 나의 미흡한 '초등 대처'가 그의 병을 키운 것 같아, 옆에서 간호하는 내내 마음이 무거웠었다. 마침 뉴욕에서 일하는 바쁜 둘째가 일주일간의 '재택근무'를 신청해 뉴욕 JFK 공항에서 아빠를 기다려 같이 Georgia 집에 간다고 하니, 둘째 딸이 대견하고도, 또 한편 미안하다.

　내 남편은 1년에 한 번씩, 미국의 '추수감사절'을 즈음해서 한국에 방문하곤 하였다. 그때가 1년 중, 그에게는 가장 한가한 때였기 때문이다. 처음에는 방문 기간이 10일. 그 다음에는 2주. 3주. 결국 4주까지 늘려서 오게 되었다. 한국에 시부모님이 살아 계실 적에는 큰 공항 가방 가득히, 두 분이 좋아하시는 음식들과 미제 물건들을 잔뜩 싣고, 마치 '산타 클로스'처럼 나타나곤 했었다! 그는 참 효자였고, 자신이 장남이라는 것을 늘 염두에 두고 살던, 뼛속까지 '경상도 사람'이었다. 그런 그가 2024년 11월 6일에 들어와서 그 주말, 친구를 만나러 가면서 큰 사단이 났다. 평소 미국에서는 늘 차를 타고 다니기에 열심히 운동과 수영을 하지만, 차가 없는 한국에서 운동 삼아 전철을 타고 내내 걸어 다닌 것이 결국, 큰 사단의 시작이었다. 전철역 계단에서 살짝 발가락을 접 지른 모양인데, 별일이 아니라 생각하고, 하루 종일 친구들과 고기. 술을 마시며 돌아다녔다고 했다. 평소 술도 담배도 거의 입에 대지 않는 사람이었기에 피곤한 14시간의 긴 비행 후, 면역력이 떨어져 있었는데, 뭔가 우리가 알지 못한 세균(나중에 보니 포도상구균)이 발등에 침입한 모양이었다. 집에 와서 좀 부은 발을 나에게 보여 주기에, 그곳에 파스를 붙여 주고, 진통제를 주었다. 그 상처와 발등이 부은 것을 너무 쉽게 생각하고 금방 나으려니… 한 것이 큰 잘못이었다.

    그 다음 날, 발등이 제법 부어 올랐는데, 마침 분당 사는 여동생의 이사가 겹쳐 짐 정리를 도와준다고 나갔다. 그리고 월요일 이사를 한 후에 근처, 내가 잘 가는 'Y 통증 및 정형 외과병원'에 갔다. 거기서 X-Ray를 찍고 뼈에는 이상이 없다고 하면서, 단순한 진통 소염제를 처방해 주었다. 그래도 계속 아프고 발이 붓자, 다음 날에는 근처 내가 다니는 'K 한의원'에서 침과 부황을 했다. 그 다음 날부터 많이 부었고, 너무 아프다는 것이다. 다시 한의원에서 침과 부황을 뜨고 약을 받아왔다. 너무 아프다고 하고, 열도 나서 결국 내가 다니던 'J 내과'에 가서 피검사를 해 보았다. 의사 선생님이 깜짝 놀라시며 "왜 이렇게 두었냐~"고 야단을 하셨다. 잘못하면, 온 다리로 감염이 퍼져서, 다리를 절단하거나, 혹은 피가 감염이 되면, '패혈증'으로 사망에 이르기도 하는 병이라며, 겁을 주신다. 그 병원에서 다시 항생제와 진통제를 처방받고, 하룻밤을 집에서 쉬다가 다음 날 새벽에

도저히 안 되겠다고 '119 구급차'를 불러 근처의 병원 '응급실'에 갔다. 보험이 없어서, 아마도 엄청난 금액의 병원비가 나올 것이지만, 지금 그것이 문제인가?

새벽에 집으로 출동한 '119 구급 대원'이 집 근처 여러 군데의 대형 병원에 전화해 보았지만, 결국 용인 시내에서 멀리 떨어진 'D 병원'에서 받아 준다고 하여, 앰불런스를 타고 가 보았다. 그때만 해도, 우리는 '항생제 주사'만 맞아도 될 것이라는 가벼운 마음으로 갔던 것이다. 그럭저럭 큰 병원이었지만, 온통 동네의 어르신들이 입원해 있는 오래된 병원이었다. 응급실에서 여러가지 조사를 한 후에, 그날 저녁에 입원실을 배정받아 올라갔고, 그 다음 날, 그의 담당 의사를 만나보니, 저런…! "적어도 1달 정도를 입원해 있으면서 치료를 받자~"라는 것이다. 결국, 만 하루를 그곳에 있다가, 생각해 보니 너무 기가 막혀서, 다시 그 병원에서 퇴원을 하고, 친척 조카뻘 되는 의사가 근무하는 수원의 'A 대학 병원'에 갔다. 별일 아닌데, 괜히 폐를 끼치기 싫어하는 남편이 결국, 전화로 도움을 요청해서 한 번 보자고 하여, 가 본 것이다. 시댁 조카뻘 되는 의사가 한숨을 쉬면서 말했다. "아휴… 어쩌다 이렇게 되셨어요? 빨리 다른 병원에 가 보셔야겠네요." 그러면서, 지금 자신이 근무하는 대학 병원에는 요즘 '의료 대란'으로 전혀 입원할 자리가 없다고 한다. 그가 이리저리 전화를 돌리더니, 용인의 '세브란스 병원'에 연결해 주었다.

다시 그 병원의 응급실로 갔다. '아…! 이렇게 깨끗하고 친절하다니…! 진작에 이곳에 왔었으면, 좋았을 텐데…! 처음엔 이곳으로 왜 연결이 안

되었는지…!' 그는 응급실에서 다시 여러 가지 검사, 응급처치를 한 후에, 9층의 입원실을 배정받아 올라갔다. 주로 정형외과 환자들이 있는 병실이다. 넘어져 뼈가 부러진 노인 환자와 외상을 입은 젊은 환자들, 고등학생도 있었다. 담당 의사 선생님께서는 남편의 상처와 우리의 사정을 들으시더니, 다행스럽게도 다음 날, 곧장 "발 수술"을 해 준다고 하셨다. 그의 병원비가 얼마가 들든지 그가 이 고비를 잘 넘기고, 발등의 상처가 덧나지 않고 깨끗이 나아서, 다시 무사히 미국에 들어갈 수 있다면…! 그래서 다시 그가 자신의 일상으로 돌아갈 수만 있다면…, 나는 더 이상의 소원이 없을 것 같았다.

그날 밤, 그의 병이 낫기를, 간절히 기도를 하는데, 눈물이 내 얼굴과 뺨에 주르르 흐른다. '아…! 내가 좀 더 현명하게 처신했더라면…!' 뒤늦은 후회가 파도처럼 나에게 밀려온다. 그날 밤, 잠을 자는 둥, 마는 둥 하고,

다시 아침에 병원에 갔다. 그는 점심 즈음에 전신 마취 후, 수술에 들어갔는데 거의 1시간 걸려서 수술실에서 나왔고, 회복하는 데 1시간 반이 걸렸다. 수술하고 나온 그의 얼굴에는 만 하루 만에 온통 흰 수염이 나고, 오랜 시간의 마취와 수술로 병색이 완연하다. 그는 "지금 너무 아프다며, 계속 진통제를 놓아 달라"고 애원하듯이 간호사들에게 말한다. 그는 수술로 발 등에 있는 염증을 다 긁어내고, 그 수술 자리조차 꿰매지 않고 나왔다고 한다. 혹시라도, 2차 감염이 되면, 다시 재수술을 해야 한다는 것이다. 오직 자신의 면역력만이 재수술과 그 시간을 좌우한다고 하니, 그 무엇도 현재의 그에게는 도움이 되지 않는다.

'그토록 건강하던 그가 한 순간에 수술을 하고, 발등이 퉁퉁 부어 나와서는 진통제 없이는 살 수 없는 사람이 되어서 나오다니…!' 유난히 책임감이 강한 그는 자신이 미국에 제 시간에 돌아가서, 해결해야 할 일들을 걱정하고 있다. 그는 자신의 다소 단조롭던 미국생활이 얼마나 행복했었는지 알겠다면서, 하루 속히 미국에 돌아가기만을 간절히 바라고 있다.

마침 수술이 잘되었고, 더 이상의 감염이 없다고 하여, 수술한지 2일 만에, 그 자리를 다시 꿰매러 들어갔다. 이번에는 20분 만에 '부분마취'로 간단히 수술을 하고 나왔다. 그날은 좀 통증이 있다고 하였지만, 다음 날 가보니, 얼굴이 영 편안해 보인다. 물 없이 감는 샴푸로 머리를 감겨 주고, 온 몸을 수건으로 닦아 주었다. 그리고 얼굴의 수염도 면도해 주니, 영 얼굴이 나아 보인다. 남편은 보통 때에도 늘 농담을 잘하는 사람이어서 이 와중에도 농담을 한다. "내가 이 병원에서 아마 외모 1위일걸? 나중에 내 이야기를 글로 쓰려면, 내 사진도 좀 찍어야 되지 않나? 하하하!" 천진난만하게 웃는 그를 보니, 다소 마음이 놓인다. 이제 꿰맨 상처가 다시 감염 없이 깨끗이 낫기만을 간절히 바라고 있다.

부산에 계시는 87세의 친정엄마도 걱정이 이만저만이 아니시다. "자신이 용인에 올라와서, 우리를 좀 보살펴 주어야 하는 것이 아니냐"며, 자꾸 말씀을 하셔서, "이 와중에, 대체 누가 누구를 돌보아 주냐"면서, "제발 집에서 조심하고 계시라"고 간곡히 말씀드렸다. 한국에 나와서 저렇게 고생을 하는 사위와 평소에도 '공황 증세'와 '허리 디스크'로 몸이 부실한 딸 생각을 하니, 맛난 음식을 보아도 입에 제대로 들어 가지를 않노라고 하신다! 그런 친정 엄마의 심정을 두 딸의 엄마인 나도 잘 알기에 울컥하여 목이 메이고, 두 눈에는 눈물이 차오른다. "엄마! 제발 그런 소리 마셔요. 뭐든지 잘 드시고, 마음 편히 계시는 것만으로도 우리에게 큰 힘이 돼요! 기도나 열심히 해 주세요!" 사람이 얼마나 연약한 존재인지! 그 세균 감염이 이토록 큰 병으로 번지다니…!' 얼마 전, 고등학교에 다니는 딸의 등에 난, 여드름 같은 작은 종기를 짜 주다가, 그곳에 감염이 퍼져서, 며칠 동안

'식물인간'이 되었다가 그만 세상을 하직했다는 내 '지인'의 안타까운 소식을 들은 적이 있었는데, 그것이 우리의 일이 되고 만 것이다. 우리 병실의 또 다른 90세 환자 할아버지는 집안의 목욕탕에서 넘어져 그만, 척추가 부러졌다고 한다. 그의 87세이신 부인은 (울 친정 엄마와 동갑) 체구는 매우 왜소하신데, 목소리는 아주 정정하시다. 할아버지의 침대 옆, 간이 침대에서 주무시며 간호를 하신다. 큰 교회의 권사님이 신지, 여러 교우들이 전화를 많이 하셨는데, 그때마다 카랑카랑한 목소리로 증세를 소상히 설명해 주시면서 열심히 '기도 부탁'을 하신다.

수술 당일, 그 노쇠한 할머니가 할아버지의 침대 위에 엎드려 눈물로 기도하시는 것을 보았을 때, 나 또한 마음이 울컥하여 할머니의 손을 잡고 위로해 드렸다. 거기에 비하면, 내 작은 고생은 고생도 아니었다. 결국, 남편은 한국에 나와 3주간의 병원 신세만 지다가, 그나마 상처가 잘 아물어서 원래 예정된 비행기 스케줄 대로, 꿰맨 자리의 실밥을 풀지도 못하고 붕대로 둥둥 상처를 싸매고 미국행 비행기에 오른 것이다. 오직 그가 이 위기를 잘 넘기고, 다시 평온한 일상으로 돌아가기만을 나는 간절히 바라면서, 나의 하나님께 기도드리고 있다.

"사람이 마음으로 자기의 길을 계획할지라도, 그 걸음을 인도하는 자는 여호와시니라. (구약성경 잠언 16:9)"

이 성경 구절이 가슴에 와 닿는 이번 일을 겪으며, 스스로 자신하였던 우리의 건강도, 자신을 편안하게 해 준다고 믿었던 이 세상의 재물과 고상한 명예와 세상 사람들의 칭찬도 아무 필요가 없음을 깨닫는다.

"과연, 사람이 해 아래 스스로 자랑할 것이 무엇이던가?"

그 누구도 알 수 없었던 나의 길

나는 오늘도 내 앞에 놓여 있는
두 갈래의 길 중에서 한 길을 택하여
혼자 타박타박 걸었다네

내 앞에는 늘 두 갈래 길이 놓여 있었는데,
누구도 알 수 없었지. 내가 한 선택이
옳았었는지, 잘못 선택한 것인지를

그 누구도 알 수 없었던 미지의 두 갈래 길이
내 앞에 5월의 싱그러운 바람으로, 눈부신
봄의 햇살로 가지런히 놓여 있었다네

새봄 예찬

새파란 풀이 새록새록 돋아나는 계절이다.
눈길이 닫는 곳마다 어두운 땅속에서 봄 햇살을
기다리다가 기어이 굳은 땅을 뚫고 나오다니…!

그 어린 잎은 그 어두운 땅속에서 무슨 꿈을 꾸었을까!
추운 날씨에 꽁꽁 언 땅속에서도 희망을 잃지 않고,
꿈에서 간절하게 그려 보았던 푸른 하늘과 따스한
봄 햇살을 기억하고, 또 다짐하였겠지!

온 세상 사람들이 바쁘게 지나 다니는 길에 외로이
돋아난 풀 한 포기야! 아무도 눈길 한번 주지 않아도
너는 너만의 소박한 꿈을 꾸며, 꽃피는 날을 손 꼽아
기다렸겠지?

너도 낭랑한 봄의 음성을 듣고 있는지? 저 흰 구름은
이 세상의 모든 곳을 떠 다니며, 너에게 온 세상의 모든
소식을 전해 주겠지? 저 멀리 불어오는 봄바람이 못 견디게
너의 뺨을 비비면, 드디어 네 속에서 분홍의 꽃망울을
"툭" 하고 터트리려나!

밤의 일기

나는 지금 불행한가

과연 의미가 있는 삶인가

단지 어느 하루 밤의 꿈속이었나

깊은 밤에 휘몰아치던 거센 비바람

에둘러 너와 내가 이별을 말하던 그 밤

서글픔이 서성거리던 그 하루에

너와 내가 서로에게 저 들판의

이름 없는 꽃으로만 기억되기를

밤하늘에 눈물처럼 반짝이던

그날의 이별과 상처가 늦은 밤하늘의

반짝이는 별빛으로만 남아지기를

11월의 편지

그래…! 나도 원 없이 그렇게 살고 싶었었지

저 먼 바다를 바라보며 때묻은 묵은 감정은
헌 옷처럼 훌훌 털어 버리고 싶었어
이제는 저 멀리 떠나버려서 이미 내 곁에 없는
추억일 뿐인데

왜 이렇게 나는 미련과 아쉬움이 남는가
이렇게 하염없이 비가 오는 날이면 그대가
11월의 은행 잎이 길가에 노랗게 쌓인 날이면
지나가 버린 추억이

단풍 예찬

형형색색의 낙엽이 4월의 꽃처럼 쌓이고

이것은 상상하던 천국과 인간 세상 사이의

가장 아름다운 계절이 아닌가

꿈속의 계절이 현실의 무대로 진출하여

마치 아름다운 춤이라도 추듯이, 처연한

그 모습은 바로 이 세상에서는 찾을 수 없는

귀한 보석이었다네

문득, 내 삶을 돌아보다

　내가 벌써 이순(耳順)이라 하는 나이 육십을 넘어, 지금껏 살아온 내 삶을 문득, 뒤돌아보니, 대체로 만족스러웠지만, 지금도 아주 후회스러운 것이 몇 가지 있다.

　첫째, 진작에 세상의 많은 곳을 다 가 보지 못한 것이다.

　사실, 가족들과 함께 이 세상의 유명한 관광지는 거의 다 가 보았지만, 이제 몸도 아프고 나이가 들어 이 세상의 '숨겨진 보물 같은 곳'들을 가 보기엔 영 자신이 없다. 가령 멕시코의 신비한 잉카 문명. 이집트의 피라미드와 스핑크스 등의 문명. 아이슬란드의 신비한 오로라 체험. 인도 불교의 문화와 몽골의 광활한 대자연과 게르 체험. 사막에서의 끝도 없이 펼쳐지는 하늘의 별 바라보기, 그리고 핀란드의 빙하가 만들어 낸 그 오묘하고 깊은 호수와 숲 등등 보통의 관광지와는 달라서 많은 체력이 요구되는 여행 인 것이다. 나는 티비에서 나오는 여행 관련 프로그램을 보면서, "아…! 나도 진작에 해 볼 것을…!" 하면서 후회하고, 또 후회한다.

　둘째, 내 몸을 좀 더 강건하게 관리하지 못한 것이다.

　내가 60이 넘어서면서, 정신적으로도 육체적으로도 많이 약해졌다. 음식도 입맛이 까다로워져서, 아무 음식이나 못 먹고, 소화를 잘 시키지 못한다. 그러니, 매사에 어디를 가는 것이 자신이 없고 두렵다. 특히 '공황장애'를 얻게 되면서, 더더욱 새로운 곳을 가거나, 해 보지 않은 일을 하기가 두려워진다.

셋째는 내 아이들이 어릴 적에 좀 더 한없는 사랑과 관심을 주지 못한 것이다.

아이들이 한참 커 갈 무렵, 그때는 공부를 잘해서, 좋은 대학에 들어가면 모든 것이 다 해결될 줄 알았다. 그러나, 이 삶에는 얼마나 무지개 같은 '아름다운 순간'들이 많은가? 그런 순간들을 같이 누리지 못한 것…! 그리고 아이들에게 삶의 소소한 행복과 가치를 알게 하지 못한 것이 후회가 된다. 이제 다 커서, 내 품을 떠나게 된 아이들을 보면서, 새삼스러운 후회와 아쉬운 마음이 든다.

"이제라도 배낭을 메고 떠나자!"라고 말하고 싶지만, 내 몸은 그것을 거부한다. 새로운 곳에 가면, 공황 증세가 오기에 스스로 삼가고 조심하는 수밖에 없다. "내 아이들에게 한없는 사랑과 관심을 주자!"라고 말하고 싶지만, 벌써 서른 살이 훌쩍 넘은 딸들에게는 나이 들은 엄마의 주책으로 보일 것이다.

"그렇다면, 내 몸의 관리는 잘 할 수 있나?" 그것도 이제 좀 늦은 감이 있다. 어떻게 새삼스럽게 몸을 강건하게 만든다는 말인가? 지금 나에게 주어진 것들에 감사하며, 하루하루 잘 살아가는 일밖에는 남은 것이 없다는 결론이다.

아…! 그날이 언제일지 모르지만, 나에게 주어진 삶의 마지막 그 날이 온다면 나는 지금까지의 삶을 감사하면서, 이 세상의 모든 것들을 가볍게 훌훌 털고, '자유로운 영혼'으로 떠나고 싶은 것이다.

나의 여고 동창회

내가 미국에서 한국으로 몇 달간의 방문을 온 후에, '여고 동창회'의 총무에게서 연락을 받고 오랜만에 참석하였다. 나는 결혼 후, 계속 미국에 머물러 있었기에, 한국에 나올 때마다, 여고 동창회에 참석하기는 하였지만, 참석할 때마다, 뭔가 마음이 불편해지는 것이다. '대학 동창회'와는 달리 아는 친구들도 별로 보이질 않는다. 졸업 후, 일찍부터 친목단체로 쭉 이어 오던 여고 동창회여서, 중 1학년 때부터 내 짝꿍이었던 '은희'가 살갑게 나를 챙겨 주기는 하였지만, 나는 그곳에서 늘 이방인처럼 겉돌았다. 같은 친구들이지만 일찍부터 이곳에서 자리를 잡은 친구들은 '터줏대감' 같았고, 오랜 외국 생활로 이곳이 낯설은 나는 어쩐지 타지에 사는 이방인 같았다. 그래서일까? 매년 4/4분기별로 모이지만, 나는 다른 일로 참석하지 못하기도 하였고, 겨우 마음먹고 동창회에 참석하면서도, 회비만 내고 겨우 밥만 먹고, 얼른 도망치기 일쑤였다.

그런데 지난 3월 중순, 동창 모임에서 '총 동창회'를 한다고 연락이 왔다. 우리 기수 총무가 총 동창회 모임에 유난히 우리 졸업생 참석률이 아주 저조하다고 하며, 우리 총무의 독려에 망설이다가 뒤늦게 참석하겠다고 약속하였다. 여러 바쁜 일 때문에 그동안 중단되었던 '총 동창회' 모임에서, 기수별로 장기 자랑을 하여야 한다고 하여 '총 동창회'를 앞두고, 그날 오후에 양재 역 근처의 한 노래방에서 모여서 다 같이 연습을 하였다. 흘러간 옛 노래 '노란 샤쓰 입은 사나이' 노래에 맞추어, 안무를 하면서 다

같이 트위스트 춤을 추기로 하였는데, 저런! 내 마음과 달리 다리가 움직여 주지 않고, 그 순서도 다 잊어버렸다. 우리는 서로 의견을 조율해 가면서 2시간 정도 연습을 하니 쉬운 동작은 따라 할 것 같았는데, 노래 가사에 맞춰서 안무를 하려고 하니까, 도대체 노래와 춤이 제대로 맞지 않았다. 할 수 없이 오늘 12시 식전에 모여 한번 더 연습을 하기로 하였다. 머리에 노란 모자를 쓰고, 흰색 반팔 셔츠에 청바지, 흰 운동화, 노란 스카프를 두르고, 선글라스를 쓰고 연습을 하였다. 나는 이런 행사와 촌스러운 차림을 너무 싫어하지만, 별 수 없이 따라 하였다.

테이블에 미리 앉은 선배들은 모두 우리보다 나이가 많았지만, 서로 비슷하게 늙어 가는 것 같았고, 저 문 쪽에는 후배들이 안내를 하며 바쁜데, 모두 이전의 고운 모습이었다. 세월의 흐름에 얼굴은 주름져도, 마음은 여전히 그 옛날, 18세의 여고생들 같았다. 식순에 따라 개회사. 국기에 대한 경례. 애국가 제창을 하였다. 참 오랜만에 큰 목소리로 애국가를 불러 보는 것 같았다. 연혁보고. 회장인사말, 결산 보고, 감사보고가 이어졌다. 신임 회장 취임사. 신임 임원 소개에 이어 교가 제창을 하였다. 이제는 거의 기억 속에 가물가물한 교가를 부르니, 가슴이 먹먹해지고, 콧등과 두 눈가에는 스르르 눈물이 맺혔다. 단발머리의 '세라 복 입었던 그 소녀'들이 언제 이렇게 할머니가 되었을까?

봄철, 공부 시간에 졸음에 겨운 눈으로, 교실의 창밖을 내다보면, 연분홍 벚꽃이 첫눈처럼 흩날리고 있었는데, 이제 우리의 머리 위에 하얀 벚꽃 잎들이 내려앉았다. 학창 시절, 5월이면 어머니 날 행사, 스승의 날 행사, 문학의 밤 행사. 봄 소풍 등등 칠판의 왼편에 붙어 있는 수업 시간표를 보면 절로 한숨이 나왔는데, 구르는 낙엽에도 깔깔거리며 즐겁게 웃고, 노래하던 꿈 많던 소녀들은 다 어디로 갔을까? 내년은 우리가 여고를 졸업한 지, '45주년'이 되는 해라고 한다.

'아! 언제 이렇게 빨리 시간이 흘렀던가?'

우리의 졸업 45주년을 맞이하여, 뜻 깊은 행사를 치르면 좋겠다.
오늘은 모처럼 나이를 잊고, 이전의 추억 속에서 웃고 떠들고 푸짐한 선물까지 잔뜩 안고 돌아온 날이었다. 단발머리 소녀들이었던 우리에게 '추억'이라는 작은 행복이 주어진 날이었다.

눈 감으면,
옛 집의 추억

4월에 도착한 뉴저지의 집

　비가 주룩주룩 내리는 4월 첫날에 미국 뉴욕, JFK AIRPORT에 잘 도착했다. 무려 14시간의 비행 후에 내리니, 머리가 어지럽다.

　4월 1일 아침에 인천공항을 출발했지만, 14시간의 시차로 여기는 여전히 첫날 오전 11시다. 공항 택시로 1시간 반가량을 달려 집에 도착하니, 겨우내 땅속에서 잠자던 수선화가 이렇게 노랗게 피어 오랜만에 돌아온 나를 반갑게 맞이하고, 그 어둡던 땅속에서 저리 고운 빛깔을 빚어 내다니…! 얼마나 신기하고, 기특한지 모른다.

　노란 수선화 옆에는 여름 한철, 태양빛 같은 짙은 주황색으로 화려한 꽃을 피울 산 나리도 땅속에서 생생한 꿈을 꾸며 파랗게 돋아났고, 그 옆엔 모든 나무들마다 빨갛게, 파랗게, 노랗게, 하얗게, 분홍색으로 가지 끝에 꽃 물이 들었다. 특히 우리 단지에 많은 관상용 배나무의 꽃이 하얗게 피어서 마치 '눈꽃'처럼 보인다. 나는 하루 종일 추적추적 내리는 비를 맞으며(물론 우산을 썼지만~) 오랜만에 동네 한 바퀴를 반가운 마음으로 쭉 돌아보았다.

이른 4월의 빗소리와 흙 내음. 그리고 새록새록 돋아난 푸른 생명들의 냄새가 그리움 너머, 아득해지는 내 마음을 가만히 위로해 준다. 아…! 오랜만에 고향에 돌아온 자의 안식이랄까? 내 마음에도 그동안 누리지 못한 깊은 평안함이 찾아온다. 봄이 와서 내내 건강하고, 또한 아주 행복하다는 벗들의 반가운 소식을 듣고 싶은 비(水)요일이다.

그 바닷가의 바람 소리

오늘은 오후 내내, 바람이 많이 불었다. 오랜만에 이렇게 비 오고 바람 부는 날, 내가 듣기 좋아하는 밥 딜런의 〈Blowing in the Winds〉라는 노래를 찾아서 들었다. 그는 바람이 부는 들판에서 아마도 삶의 여러 문제들을 고뇌하며, 이 가사를 적었을 것이다.

얼마나 많은 길을 걸어야 한 사람의 인간이 될 수 있을까?
얼마나 많은 바다 위를 날아야 흰 갈매기는 사막에서 잠들 수 있을까? 얼마나 더 많이 머리 위를 날아야 포탄은 지상에서 사라질 수 있을까? 친구여, 그 대답은 바람만이 알고 있지. 바람만이 알고 있지.

(그는 이 가사로, 2016년 10월 13일, 대중 가수로는 최초로, '노벨 문학상'의 수상자로 선정되었다)

나는 마음이 힘들 때마다, 집 근처의 바닷가에 나간다. 바닷물결은 끊임없이 나를 질책하기도 하고, 때로는 나를 안아 주며 위로해 주던 그 소리, 이렇게 바람이 많이 불어 창문이 덜컹거리며 흔들리는 그런 날이면, 나는 불을 끄고 오롯이 바람 소리에 귀를 기울인다. 요즈음, 이상하게 마음이 어지러운데, 이럴 때 바람 소리를 들으면, 나는 평안히 잠을 자게 된다. 이 바람 소리를 들으러 나는 근처의 '바닷가'에 나가보고, 때로는 '동네 뒷산'에도 오르며, 또 우리 '동네의 숲길'을 혼자 산책하면서, 나뭇잎을 흔드는 바람 소리, 구름을 이리저리로 옮기는 거센 바람의 소리를 듣는다. 내 삶의 힘든 시기마다, 나는 이렇게 바람 소리를 들으며 살아왔다. 아니, "그럭저럭 살아지더라"라는 말이 옳겠다. 이곳에도, 저곳에도 속하지 못하는 내 삶의 이름은 바로〈머물지 못하는 바람〉이었다.

이제 돌아보니, 벌써 내 나이가 60이 넘어, 이순(耳順)에 이르렀다. 내 삶도 이렇게 바람결에 따라 행복으로, 때로는 슬픔과 절망으로, 저 높은 곳에서 흔들리며 떠다니는 흰 구름처럼 그렇게 바람과 함께 소리 없이 흘러가나 보다!

오래된 한 장의 사진

　이 사진은 작은딸이 2살, 큰애는 4살 즈음, 집에서 딸의 생일파티 후에 찍은 것이다. 그 당시에 나는 딸들을 마치 쌍둥이처럼, 주로 옷을 세트로 맞추어 입혔었는데, 아직도 그때의 기억이 내 머리 속에 생생하다. 애들의 뽀얀 살 냄새, 뛰어놀고 와서 나던 땀 냄새와 달콤한 쿠키나 아이스크림을 먹고 와서 나던 그 달달한 냄새…,

　큰애는 그동안 사귀던 남자친구와 장거리 연애를 끝맺었고, 작은 애는 이번에 남자친구를 집에 데려왔다. 세월이 빠른 걸음으로 내 곁을 스치듯이 흘러 가는 느낌이다! 내 딸들은 참을성이 부족했던 엄마를 따라, 미국에서 태어난 애들을 한국에 데리고 와서 밤 늦게까지 한글을, 한국의 역사와 문화를 배우던 애들이었다. 겨우 적응이 되어 가던 애들을 다시 한국에서 미국으로 데리고 나와, 학군이 좋다는 집을 이리 저리로 옮겨 다니며 그동안, 우리 애들이 받은 내면의 상처도 많았을 것이다.

　이제 와서 생각해 보니, 그렇게 그 모든 일들이 조급할 일도 아니었다. 오직, 미국의 명문대를 보내야 한다는 일념으로 모질게 애들을 몰아붙였던 적도 많았고, 성적이 떨어지면 친구들과 주말의 외출도 금지시켰고, 대학 전에는 남자친구와의 데이트도 금지였다! 이제 내가 나이가 들어 마음에 좀 여유를 가지고 생각해 보니, 그 모든 것들이 다 부질없었다. 그때 좀 더 애들에게 모든 것에 자유를 주고, 스스로 자신의 삶과 진로를 선택하게 하였으면 어땠을까? 지금도 열심히 모든 것을 잘 해 오는 딸들이지만, 조금의 후회와 연민이 생긴다.

　"이제 와서 삶은 나에게, 또 우리 딸들에게, 내 영혼을 스치는 바람이 되어 무엇이라 말해 줄 것인가?"

사루비아 연가

핏빛의 사루비아 꽃이 뜨거운 8월의 햇살을
맞으며, 앞뜰의 큰 화분 가득히 피어났다, 라는
뜬금없는 내 편지 한 장을 받고서

그동안 소식이 뜸하던 내 오랜 벗이
연락도 없이 나에게 와서 우리 동네의
긴 숲속 길을 두 손을 꼭 잡고 걷는다면

한여름의 눈이 부신 저 햇살은 마치
뜻밖의 선물을 받은 듯이 마냥 기쁘리라

그때 우리가 함께 거닐던 저 강가의 물살은
기다림의 무게만큼 거칠게 밀려오고

8월의 바람이 못 견디게 휘어진 나무의
푸른 줄기를 간지럽히면, 아…! 우리는
처음부터 알고 있었지 않았던가

저 사루비아의 붉은 꽃은 우리가 미리
예감했던 이별처럼 뚝뚝 땅에 떨어져 버리고

너의 눈물겨운 손짓은 나의 정원에 고스란히 남아
붉고도 붉은 청춘의 한 추억으로 남아 있으리라

한여름 밤의 블루스

이맘때면 어설프게 느껴지던
지난 계절의 눈물 스미는 밤 공기

이상하게도
이런 설익은 환절기가 슬며시
내 곁에 찾아오면 내 조그만
들창 밖으로 여름을 갓 지난
새초롬한 달빛이 살며시 새어
들어온다

아…! 이토록 아름다운
계절이라니

배롱 나무 꽃들이 한가득 피어나고

집 앞뜰과 뒤뜰의 배롱 나무에서 줄기마다 한가득 진분홍, 연분홍, 빨강 혹은 하얀색의 물을 들이면서, 가득히 피어났다. 여름이 긴 이곳의 배롱 나무는 길가의 가로수부터, 집 안에 보통 몇 그루씩 심겨 있는 '남부의 꽃'이다. 배롱 나무의 꽃말은 '헤어진 벗에게 보내는 마음'이라니, 이토록 멋진 말이 또 있을까? 진작에 헤어진 벗에게 마음속에 남겨진 많은 말이 있을 듯한데, 가지마다 가득히 피어난 그 꽃은 미처 다 말하지 못하고 헤어진, 그래서 더 아쉬운 그들의 마음을 잘 나타내 주는 것 같다.

이곳, 조지아의 새집은 거의 완벽히 내가 원하던 집의 모든 것을 소유하고 있는데, 그럼에도 25년간을 살아오던, 저 동부의 그 집이 그립다. 그 집에도 작은 배롱 나무가 앞뜰에 있었지! 처음 심었을 때는 작고 조그만 가지에서 가지 끝마다 분홍의 꽃송이들이 가득 피어나곤 했었다. 그리고 바로 집 앞의 큰 호숫가에서는 겨울 철마다, 저 멀리 북쪽에서 철새들이 모여들고, 겨울이 지나 봄이 되면 언제인지 모를 시간에 그들은 새로운 가족을 만들어 여름이 되기 전에 훨~ 훨~ 자신들의 고향에 날아가고는 했었지! 그 곳에도 여름 날, 매미가 한낮에 소란스럽게 울어 대고, 밤에는 예쁜 반딧불이들이 사방에 날아다니곤 했었는데……!

특히 좋았던 것은 바로 10분 거리에 해변이 있어서, 나는 친구와 더불어 맨발로 모래밭을 하염없이 걷기도 하고, 해변가의 멋진 카페에서 커피를 마시면서, 저 먼 바다를 바라보며 한가한 시간을 많이 가졌었던 것이다.

몹시 더운 오후를 지나, 저녁 7시경에 세찬 비가 내리기 시작했다. 마침 바깥 꽃나무들에게 물을 줘야 하기에 이 시간에 오는 비는 너무나 반갑고 고맙다. 그러나 꽃을 잔뜩 매달고 있던 배롱 나무의 진한 분홍 꽃잎들이 마치 꽃 비가 내리듯 떨어져 내린다. 더운 이곳 조지아에서 가장 반가운 것은 이렇게 갑자기 내리는 세찬 비이다. 꽃도, 나무도, 바위와 돌들도, 더위에 지친 나도 두 팔 벌려 이 비를 흠뻑 맞고 싶다.

'아…! 긴 그리움은 남겨진 자의 몫인가!'

내 바쁜 딸들은 주말에 아무런 소식도 없고, 남편은 출장을 갔으며, 그동안 같이 계시던 친정 엄마는 메릴랜드 주에 사는 언니네 집으로 가셨다. 내일 아침에는 주룩주룩 내리는 세찬 비로 인해 제법 서늘해질 것이다.

12월, 성탄 절기에

아! 귀하고도 귀하다
2000년 전에 초라한 마구 간 귀퉁이에서
우리 예수님이 탄생하신 날

수 없는 멸시와 고난 속에서
님은 묵묵히 그 길을 가셨다

탄생의 기쁨도 잠시, 생명의 길
부활의 길을 가시밭 고난 속에서
백합 가득한 꽃 길로 만드셨네

또 한 해를 보내며

저 서쪽에서 오늘도 해는
어제와 다름없이 서서히 저문다

희망 찬 내일을 위해
저 스스로 수줍게 물러나는 거겠지

세월의 물살은 지난 추억 위로
거센 파도처럼 또 다시 밀려오고

고생한 지난 한 해의 나에게
소박한 위로의 말을 건넨다

신년의 기도

다사 다난했던 2024년이여
처음 시작할 때의 마음이 떠오른다
한번 지나면 오지 않는 세월
해마다 이맘때면 느껴지는 아쉬움과
눈물 스민 후회의 날들

아…! 은빛으로 빛나는 세상에서
우리는 새해를 시작하려는가
가는 해를 아쉬움 속에 저만치 보내고
다시, 나에게 온 고마운 새해를 맞는다
사랑으로 모든 이를 보듬어 보는 한 해가 되기를

부산, 동백 섬에서

꽃이 다 져 버린 쓸쓸한 가을에 피어서
꽃이 없는 찬 바람 부는 한겨울에도
아랑곳 않고, 짙푸른 잎사귀 반짝거리며
아름답게 피어 있는 붉고 흰 동백꽃

어느새 봄이 온 바닷가에 여기저기
아름답게 피어서 아직 봄이 오지 않은
어두운 내 마음을 밝혀 주며 나에게
잔잔한 감동을 주는 붉은 동백꽃

너는 누구길래 이토록 삶의 고비마다
내게 다가와 고즈넉이 붉고 흰색으로 피어
오롯이 삶의 희망만을 내게 전해 주고 가려는가

봄 비는 내리고

봄 햇살이 눈부시게 베란다의 화원에

곱게 내리더니 오늘은 주룩주룩

하염없이 긴 봄비가 내립니다

나무의 연 푸른 새 잎사귀가

5월의 봄꽃보다 아름답습니다

잎사귀 사이로 살구 꽃은 어느새

푸른 살구 열매를 맺고

발코니에 서서 그 푸른 열매들을 보며

나는 오래도록 긴 생각에 잠겼습니다.

오늘은 내내 마음속의 그리운 그대 오듯이

눈부신 봄비 오는 4월의 어느 하루입니다

다시, 나의 삶에게

저는 몸에 통증을 달고 삽니다. 이런 통증이나, 힘듦은 마약 같은 힘이 있나 봐요. 언제부터 인가 그들이 없는 삶은 생각할 수도 없는 것을 느낍니다. 제 옆에 있는 누군가가 말하더군요. "인생은 공평하다. 왜냐하면, 한 인간의 삶에서 슬픔의 총량과 기쁨의 총량은 일정하기 때문이다."라구요!

어떤 글에서 '낙타 무릎'이란 글을 보았어요. 어떤 모진 역경에서도 다시 굳건히 일어서는 것을 말하죠. 나 스스로 내 자신의 삶을 돌아보며 말합니다. "모든 것은 언젠가 끝이 나리라! 그리고 그 어떤 슬픔도 결국 끝이 있다고, 어떤 기쁨도 계속되지 않는다."라고 말이지요.

나의 사랑하는 친구들이여…! 지금 막다른 슬픔의 끝에 서 계신 가요? 이제 곧 기쁨이 오겠군요. 지금 삶의 기쁨에 취해 계신가요? 이제 슬픔의 눈물이 날 수도 있답니다. 이것이 겸허히 삶을 대해야 하는 이유입니다. 지친 오늘 하루를 마치고, 어두워진 시간의 문을 살그머니 닫습니다. 오직 나를 마중하러 나온 저 달빛만이 창백하도록, 쓸쓸합니다.

5월의 어느 오후

늦은 봄 기지개 켠 햇살이 눈부시더니
이제 초여름을 향한 비가 며칠째 내립니다
아파트 화단에서 본 아름다운 작약 꽃과
길가에 자라고 있는 물푸레나무 하나도
나에게는 다 소중합니다

그 푸르른 수풀 길에선
봄바람에 무심한 마음조차
흔들리고 아! 나는 이름 모를
누군가가 몹시 그리워집니다
누군가가 간절히 그리워질 때
그 간절함만큼 나는 혼자
주저앉아 울고 싶어집니다

오래된 라디오에서는 우리 귀에 익숙한
첼로 음악이 나옵니다 저 빗소리처럼
저음의 '알비노니 아다지오'의 선율이
내 마음 깊숙이 쿵! 소리를 내며 울립니다

창밖에는 봄

창밖에는 지금 눈부신 봄이 한창이다
노란 개나리 꽃을 바라보면서
나는 지나간 청춘의 한때를 생각해 본다
이제는 돌처럼 무디어진 내 가슴이 뭉클하고
눈물처럼 깊은 회한의 감정이 들기도 한다
그때도 이렇게 아름다운 봄, 봄이었다

우리에게 젊음의 한때, 사랑이
봄날의 개나리 꽃처럼 노랗게
봄처럼 가득히 찾아 온 적이 있었지
그러나 그 화려한 봄은 다 지나가고
우리 곁에 계절이 수없이 지나가도
개나리 같은 샛노란 빛 사랑은 이제
다시 우리에게 찾아 오지 않으리라

눈물이 앞을 가려 뿌연 빛으로 퇴색된
청춘의 거울 속에 나만 이렇게
덩그라니 추억으로 남겨져 있다

봄, 민들레 연가

봄이 되어서, 바람이 살랑살랑 분다.
나는 봄 기운을 느끼려고, 근처 나지막한
산으로 나가 보았다. 아직 봄 기운만 있을 뿐
쑥도 어려 보이고 냉이 꽃, 꽃 다지 등
봄 꽃이 피지는 않았다. 그런데, 그 양지 바른
담 벼락 아래 노란 민들레가 반갑게 피어 있었다.

내, 어릴 적 봄마다 동심과 함께하며 자랐던
봄이 온 들판에는 노란색 색종이처럼 가득히
깔려 있었던, 그 노란 민들레…

여느 봄날마다 노란 민들레는 피었을 터이지만,
유난히 이 추운 겨울을 건디고 어두운 겨울의
땅속에서 삐져 나온 노랑 민들레가 대견하고
더 귀한 손님처럼 보이는 것은, 그 긴 기다림조차도
마다하지 않았던, 새 봄의 노란 희망에 있었다.

어린 왕자로부터의 편지 2

나를 보면, 늘 환한 빛이 난다고
문득 나를 바라보면서
당신이 수줍게 말하였었지

는개비 내리는 봄날,
우리는 처음 만났었고
몇 년간의 따뜻한 시간들이
우리 곁에서 봄날처럼 흘러갔지만

대수롭지 않은 일상의 일들이
우리의 사랑을 끝내 겨울 바람처럼
차갑게 만들어, 헤어지게 하였구나!

나는 수요일이 좋다

    일주일을 살아가다 보면, 하루쯤 아무 일도 하지 않고, 그냥 쉬고 싶을 때가 있다. 그것이 바로 '수요일'이다. 내가 주 중에 끼인 수요일이 좋은 이유는 왠지 피곤한 월, 화요일보다 수요일은 일상의 여유가 느껴지기 때문이고, 누군가를 위로하기도, 누군가의 위로를 받기도 좋은 요일인 듯하기 때문이리라.

    오래 전, 어떤 가요의 제목이 "수요일엔 빨간 장미를…" 이란 노래가 있었다. 비 오는 수요일엔 빨간 장미를 주고 싶기도, 누군가에게 위로의 장미 한 다발을 받고 싶기도 하다.

    이제 다사로운 햇살은 나직하게 겨울에서 봄으로 다가간다고 우리에게 말해 주고, 뿌연 하늘과 하얀 구름이 겨울이 지나감을 느끼게 해 주는데, 나는 이런 '환절기'가 좋다. 흐드러지게 꽃이 피는 완연한 봄보다, 이렇게 다소곳이 봄을 느끼게 해 주는 겨울과 봄 사이가 나이가 들수록 점점 더 좋아진다.

내 삶의 보석들

고대 아라비아 시대에 광야를 건너는 '세 상인'에 관한 얘기다. 그들은 우연히 사막에서 어떤 음성을 듣고, 주위에 있는 돌멩이를 집어 드는데, 아침이 되어 그들은 그것이 보석임을 알게 된다. 다시 돌아가려 했지만, 이미 모래 길은 바람에 다 지워지고 말았다. 그들은 슬퍼하며, 탄식한다. 광야에서 富를 발견했지만 더 많이 취하지 못하였기 때문이다.

우리는 아라비아의 세 상인들처럼 '인생'이라는 거친 광야를 통과한다. 그리고 인생의 광야를 지나는 동안 수많이 깔려 있는 조약돌들을 밟고 지나간다. 또한 우리는 그것들을 하찮게 여기고 우연하게 한 개의 조약돌만을 주웠을 뿐이다. 그러나 시간이 지난 후, 내가 하찮게 여겼던 조약 돌들이 값비싼 '보화'임을 알았을 때는, 이미 내가 발견한 그 보화로 인해 행복하지만, 동시에 더 많이 챙기지 못함을 슬퍼한다.

과연 삶의 幸福은 어디에서 올까? 철학자 '칸트'는 행복의 세 가지 조건에 대하여 이렇게 말했다.
"첫째-할 일이 있고, 둘째-사랑하는 사람이 있고, 셋째-희망이 있다면, 그 사람은 지금 행복한 사람이다."
우리가 행복하지 않은 것은 내가 가지고 있는 것을 감사하기 보다, 내가 가지고 있지 않은 것을 탐내기 때문이리라. 지금 행복해지고 싶다면, 내가 갖고 있는 것들과 내 주변에 있는 사람들을 아끼고 사랑하며, 내가 가진 작은 것에도 만족하고, 기뻐해야 한다는 교훈을 얻게 된다.

 우리가 가진 세 잎의 클로버는 아주 먼 데 있는 것이 아니라, 바로 내 주변에 널려 있는 '일상의 행복'이기 때문이다!

눈 떠 보니,
여기는 조지아…!

첫 조지아 방문기

내가 한국에서 급히 미국으로 들어온 것이 4월 1일이다. 그런데 아직 시차도 해결되기 전의 나에게 남편이 갑자기 '조지아' 주의 '애틀랜타' 근처가 은퇴 후에 살기에 너무 좋다면서, 함께 가 볼 것을 간절히 권한다. 사실, 5월 초에 서부의 LAS VEGAS에 휴가를 가기로 이미 예약이 다 되어 있는데, 그의 끈질긴 설득으로 결국 그곳에 함께 가게 되었다. 남편은 이제 절반쯤 하는 일에서 은퇴한 지라, 뭔가를 할 시간이 남아돌아, 그 시간을 어떻게 보낼지가 큰 관건이었는데, 마침 적합한 곳을 찾았다고 난리인 것이다.

사실, 그 복잡하고 힘든 일에서 거의 은퇴하고 복잡한 뉴욕, 뉴저지를 떠나 한가한 미국의 남부로 가는 게 그의 소원이라 했다. 나는 그의 바람대로 그곳이 어떤지를 보러 같이 보러 가는 길이다.

나는 별로 큰 기대도 없이, 그냥 한번 가 보자는 생각이었다. 기대에 부풀은 남편과 둘이서 갑자기 그곳으로 가는 비행기를 예약하고, 한인 타운 근처의 호텔을 잡았다. 조지아 주는 미국의 동 남부에 있는 State인데, 'Peach State'라 불릴 정도로 각종 농산물과 과일이 풍부한 전원 도시이다. 한인들이 주로 거주한다는 도시를 중심으로 상권이 어마어마하다.

주로 새로 개발된 한인 타운은 그전에 조지아 광활한 '콩 밭'이었다고 한다. 그래서인지, 순두부 집이 많았다. 그리고 비도 많이 오고, 햇빛이 많은 곳이어서 온통 나무들이 무성하여, 온 동네가 마치 '수목원' 같았다. 자연히 육, 목축업이 발전되어 바비큐 음식점도 많았고, 동부보다 전반적으로 물가도 싸고, 집값도 상대적으로 저렴한 듯 보였다.

전반적으로 내가 살던 뉴저지보다 시골스러운 정서가 많았고, 그곳의 사람들도 다 순박한 듯 보인다. 조지아 주의 전체 한인 교회는 어마어마하게 많고, 인구도 한국의 중소도시의 정도가 있다고 한다. 대형마트를 중심으로 한인 타운 내의 모든 슈퍼마켓과 교회가 많이 세워져 있었다. 미리 연락한 부동산 중계인을 만나 같이 집 구경을 하였다. 뉴저지 집과 대충 같은 값으로 엄청나게 집의 규모가 크고, 마당도 넓다. 대충 몇 집을 보다가, 한 동네에 이르렀다. 나지막한 산을 개발한 동네인데, 동네가 전반적으로 안정되어 있고, 집과 뜰이 아주 아름다운 동네였다. 마치 하늘을 맞닿은 듯이 높고, 쭉 뻗은 소나무가 울창한 동네여서 보는 내 마음이 편안하다. 이곳이 마치 산장의 펜션인 듯, 집 안과 밖이 너무 아름다운 집을 발견했다. 내가 평소에 원하던 거의 모든 조건을 다 가지고 있었고, 나를 위해 마련된 듯한 집이었다. 집 안팎의 조경이 마치 그림으로 그린 듯이, 너무 아름답다.

돌로 쌓아 올린 작은 연못과 천연 지하수가 졸졸 나오게 설계된 나지막한 언덕이 있는 뒤뜰! 혹시라도 이 집이 우리에게 주어진다면, 뉴저지 집을 처분하고 금방이라도 이사할 수도 있다는 마음이 들었다. 마치 그림 같은 정원과 넓은 거실, 그리고 아름답고, 편리한 부엌을 갖춘 집이다. 워낙 인기가 높은 집이라, 우리는 웃돈을 천만 원 이상을 쓰고 며칠을 기다려 결과를 받아들여야 한다. 그 결과는 아직 모르겠지만, 이제 벌써 우리가 은퇴를 생각할 나이가 되었다는 것이 새삼스럽게 느껴진다. 바로 20분

거리 안에 교회와 한인 마켓, 한인 병원과 약국, 여러 음식점 등, 모든 시설이 편리하다. 무엇보다도 운전을 많이 할 필요가 없으니, 남편은 은퇴자에게는 '최적의 조건'이라고 좋아한다.

이제 '3박 4일'의 일정을 마치고 다시 뉴저지의 집으로 돌아가는 길이다. 만일 이 집이 우리에게 떨어진다면, 그야말로 난리를 한바탕 겪어야 할 것이다. 집을 사고 팔기가 쉽지 않은 미국에서, 우리는 그동안 살았던 옛 집을 팔고, 이곳의 새 집을 사야 한다. 그리고 그것도 비행기로 2시간 반, 차로는 20시간 넘게 운전해야 하는 먼 길이다. 한 번도 살아 보지 못한 '남부에서의 삶'은 과연 어떨 것인가?

그러나, 모든 시작과 끝에는 항상 삶의 설렘으로 가득하다. 또 어떤 새로운 길이 나와 우리 가족을 향해 열리려 하는지…! 나는 늘 알지 못하던 '새로운 길'로 들어설 적마다, 내가 그동안 살아온 '내 삶'에게 길을 물어보면서, 결국 이곳에 이렇게 와 있는 것이다.

(우리는 결국 이 집을 계약하게 되었고, 계약한 지 40여 일이 지나, 이곳으로 이사를 하게 된다. 한국에서는 별일이 아니겠지만, 미국에서는 이런 일은 어마어마한 일이다.)

초 가을의 저녁 산책

조지아로 이사 와서, 정신 없이 여름을 보내고 9월이 시작되었다. 아침, 저녁으로 날씨가 선선해지기 시작하더니, 이젠 제법 쌀쌀 해졌다. 여름에 쓰던 깔깔이 인견 이불이 추워져서, 이제 포근한 이불로 바꾸고, 내내 마시고 다니던 아이스 커피를 끊고, 따뜻한 커피와 함께 아침을 시작한 지 제법 되었다. 9월이 되자마자 느끼게 된 변화이다.

어제 저녁 7시 반에 산책을 나섰는데, 벌써 해가 짧아져 어둑하다. 한 여름엔 8시 반까지도 해가 제법 뜨거웠었는데, 계절의 변화는 참 변화무쌍 하다. 내가 걷고 있는 큰 길가의 키 큰 소나무들 바로 위에 희미한 초승달이 떠 있었다. 그다지 크지도 환하게 밝지도 않은, 소소한 초승달이 마치 그 길을 혼자 걷는 내 친구라도 된듯이, 나를 졸졸 따라온다. 때로는 너무 밝고 환한 보름달이 이제는 왠지 불길하고, 부담스럽기조차 한 것이다.

나도 저런 희미한 초승달처럼 주위에 부담스럽지 않은 그런 사람이 되고 싶다! '밝기'나 '환함'으로 주위를 압도하는 사람이 아니라, 오히려 다른 사람을 뒤에서 빛나게 해 주는 배경이 되어도 좋을 요즈음이다.

9월, 한낮의 단상

아기 도롱뇽이 시원한 그늘을 찾아 오르는 오후
저 멀리 에서는 어머니가 말리시는 붉은 고추가
가을의 환한 햇살이 되어, 사방에 널려 있네

9월의 한낮! 가을은 붉은 고추처럼
살포시 익어가고 있는데, 너의 목소리가
들리는 듯한 눈 부신 오후였다네

한잔의 아이스 커피가 내 손에 들려 있고,
한편에서는 내 귀에 익숙한 멜로디가 들려오고
나는 갑자기 너의 부재가 새삼스럽게 느껴지네

이윽고 너의 부재가 익숙해질 즈음에
저만치, 국화 향과 더불어 짙은 가을 내음이
나를 향해 한 걸음, 한 걸음씩 다가오리라

큰 소나무 이야기

    이곳 조지아로 이사 와서 가장 놀란 것은 어마어마한 크기의 소나무들이 한결같이 쭉쭉 곧은 자세로 자라 있는 것이다. 유난히 비도 많고, 더운 햇살이 나무들을 엄청나게 키워서 목재와 가구, 농산물이 유명한 지역이 되었다!

    이 사진은 내가 찍어 본, 우리 집 앞의 아름드리 '소나무'이다. 우리 집은 나지막한 산을 개발한 단지에 있는데, 각 집마다 작게는 2-3그루에서 많게는 6-7그루가 자생하여, 한가운데 집을 지을 터를 제외하고는 다 자연

에서 스스로 자란 나무들이다. 그런데, 한결같이 키가 크고 쭉쭉 곧은 형태가 이상하여 찾아보니, 이 소나무는 "금강 송", 혹은 "춘양 목"이라 한단다! 한국에서는 이 소나무가 귀해서, 궁궐이나, 사찰을 짓는 데만 사용되었으며, 100년 정도 된 소나무 한 그루에 몇 천만 원 이상을 호가한다고 하니, 가히 귀한 나무인 것임에 틀림없다. 자세히 바라보니, 아랫부분의 옹이가 보이는데, 바로 소나무 스스로가 더 크게 자라기 위해 아랫부분의 가지를 스스로 떨어뜨린다고 한다. 얼마 전 큰 가지를 떨구어 낸 나무를 보았다. 아…! 그것은 자기 스스로에게 얼마나 가혹한 결단일 것인가? 저녁 산책을 다니면서, 각 집마다 울창하게 서 있는 소나무들을 찍어 보았다. 소나무와 집이 잘 어우러져서, 오직 한 폭의 아름다운 '나만의 풍경화'가 되었다.

우리 집 안에 들어온 담쟁이

오랜만에 집안 곳곳을 청소하다 보니, 우리 집에서 햇빛이 가장 가득한 곳, 썬 롬(Sun Room)의 한 모퉁이에 뭔가 파릇한 게 보인다. 무슨 플라스틱 조화인 듯 보였다. "응? 이게 뭐지?" 나는 그것을 치우려다가, 소스라치게 놀랐다. 그것은 바깥에서, 창가의 작은 틈을 뚫고 들어온, 덩굴이 길게 자란 '담쟁이'였다! 언제 그 줄기가 안으로 들어왔는지, 길이가 무려 50센티 정도 자랐다.

"아…! 이걸 어쩐담!" 나는 차마 집 밖에서 집 안의 작은 틈을 타고 들어온, 저 푸른 아기 담쟁이를 차마 끊어 버릴 수가 없었다. 일단, 다른 작은 화분 위에 이렇게 걸어 두고 보기로 했다! 내가 9월 20일경, 한국에 나올 때의 담쟁이가, 남편이 한국의 병원에서 온갖 고생을 하다가 겨우 퇴원하여 미국에 무사히 돌아갔을 때, 그 어린 담쟁이가 새파랗고, 길게 자라 있고, 뉴저지 집에서는 별로 꽃도 없던 세발 선인장이 온통 꽃으로 뒤덮여 있었다. 마치 오랜만에 돌아온, '집 주인'을 알아보고, 환영이라도 하듯이 말이다.

바깥은 아직 12월의 겨울이지만, 이 사진은 집 안의 창가에서 봄이 다가옴을 느끼게 해 주는, 한 겨울 우리 집의 '다사로운 풍경'이다.

가을 비는 속절없이 내리고

　내가 기다리던 9월이 다가온다. 이곳, 조지아에서 더위에 지친 나는 한여름 내내 가을 바람을, 가을 햇살을 내내 그리워하고 있었다.

　그런데, 8월 중순이 지나면서, 몇 차례의 태풍 같은 거센 비. 바람이 몰려오더니, 날씨가 급격히 달라지는 것이다. 아니, 가을 바람과 함께 9월이 시작되었다고 하는 편이 옳으리라…! 매일 아침 서늘한 바람이 불고, 오후에는 더운 바람이 불더니, 오늘 저녁 나절에는 급기야, 여름을 몰아낼 가을 바람이 천둥 번개와 세찬 비바람을 몰고 온다. 그 기세는 뉴저지의 바람과 비와는 비교할 수도 없는 거센 것이었다.

　가을을 재촉하는 비는 하염없이 내리고, 또 내리고, 거센 바람이 불고, 또 불고…! 우리 집 앞의 그토록 무성하던 소나무에서 오래 된 가지들과 누렇게 변한 솔잎들, 그리고 그 많던 솔방울들이 셀 수도 없이 바닥에 떨어져 뒹군다. 나는 이렇게 가을을 재촉하는 비에 내 온 몸과 마음이 속절없이 축축이 젖고 있는 것이다!

나의 그리운 친구들에게

　루비 같은 붉은색 꽃을 가지마다 가득히 매달고 앞마당에서 의연히 서 있는 배롱 나무 한 그루! 여기 남부에서는 비가 오거나, 흐린 날은 마치 뜻밖의 선물을 받은 듯, 나는 새삼스러운 고마움이 가득하다. 오늘 아침 일찍부터 유난히 집 앞의 나무 위에서 '까치의 울음 소리'가 요란하더니, 한국의 반가운 친구들에게서 연락이 왔다. 같은 동네에서 철없이 뛰어놀며 자란 내 친구들, 그 중에서 일찍부터 외국에서 유학을 하고 자리를 잡아 성공한 동창, 은경이가 오랜만에 소식을 전해 왔다. 그녀는 화려한 호텔에서 찍은 사진 몇 개와 명품 쇼핑을 하며 활짝 웃는 사진들과 간단한 소식을 전해 왔고, 또 다른 동창, 한국의 시골에서 소박하게 사는 내 단짝 친구, 은희가 시골에서 애써 키운 농작물 사진을 보내며, "네가 너무 멀리 있어서……"라면서 아쉬워한다. 서로가 서로를 이해하기에는 너무 먼 마음의 거리가 있어서 일까?

　은경이와 은희는 서로 연락을 하지 않고, 멀리 있는 나를 통해서 서로의 안부를 묻는다. 내 마음속에서만 생생히 살아 있는 친구 들과의 '빛 바랜 추억'들이, 비 내리는 축축한 오후에 반가운 꽃 비가 되어 내리고 있었다.

행운 목의 새로운 운명

지난번 책에서 오래 된 '행운 목'에서 얼마나 향기로운 꽃이 피웠었는지, 글과 사진으로 올린 기억이 생생하다! 그런데 이곳, 조지아 주로 봄에 이사하면서 오래 된 '행운 목'이 며칠이나 걸리는 큰 이삿짐 트럭 안에서, 이리저리 치이다가 그만 큰 가지들이 다 부러지고 말았다! 그래서, 나는 할 수 없이 뿌리와 가지만 앙상한 행운 목을 뒤뜰의 큰 단풍나무의 그늘 아래에 두었다. 식구들은 이제 수명이 다했다면서, 다시 살아나리라는 기대가 전혀 없이, 저 한 구석에 방치되었다. 그런데, 요 며칠 내내 태풍이 불고, 날이 시원하더니, 내 오랜 친구 '귀한 행운 목'에서 싹이 나고, 어느새 부러진 큰 가지 옆으로 푸른 새잎이 돋아나고 있었다.

화려한 꽃을 피웠던 20년 이상 된 굵은 원목은 무성하던 잎과 큰 가지를 추억으로만 깊게 간직한 채, 이미 검게 변해 버렸다. 손을 넣어 오래 된 뿌리를 밀쳐 보니, 이미 "덜컹~" 흔들리면서 "쑤욱~" 하고 쉽게 뽑힌다! 나는 오래된 화분을 다 정리하고, 집 안으로 들여왔다. 큰 원목이 없어진 자리가 이가 빠진 듯이 휑하다. 그래서 내가 화병에서 키우던 작은 대나무 10개를 그 옆에다 옮겨 심었더니, 제법 모양이 좋아 보인다. 그동안 밖에서 비, 바람을 맞아서인지 많이 건강해진 것 같다.

"행운 목아. 대나무야. 그동안 잘 자란 것처럼, 새 집 안에서도 무럭무럭 자라렴!" 나는 마치 어린 아이를 대하듯이, 새로 돋아나고 있는 새파란 이파리와 연한 가지들을 조심조심 닦아 주면서, 나지막이 그들에게 말해 주었다. 행운 목과 어린 대나무들은 마치, 내 말을 알아 듣기라도 한 듯이, 새파랗게 새로운 이파리를 길러내며 잘 자라고 있다.

내 사랑하는 딸들이 떠난 자리

　내가 한국으로 다시 들어오기 전, 딸 둘과 작은 딸의 남자친구가 주말에 잠시 왔다 갔다. 그들은 금요일 밤에 왔다가 일요일 아침에 떠났다. 워낙 바쁜 아이들이어서, 그나마 시간을 내서 멀리 떠날 엄마를 보러 온 것만도 고맙다. 딸의 남자친구가 아직 한식에 익숙하지 않기에 매끼마다 외식을 했다. 처음 딸의 남자친구를 만나는 자리라서 이런저런 신경이 많이 쓰인다. 남편은 전도 좀 부치고, 송편과 나물, 갈비찜을 하자고 하였지만, 괜히 집에 냄새만 나고 애들은 거의 먹지 않기에, 첫날은 '이태리 식당'에서, 둘째 날 점심은 '숯불 갈비 구이'로, 저녁은 '월남 쌀국수'를 먹었다. (다 딸의 남자친구 취향이다)

　그리고 아침은 다 각각 편한 대로, 나와 남편은 한식으로, 딸들은 집에서 빵으로, 딸의 남자친구는 집 근처 호텔에서 해결하고, 집에서는 커피를 같이 마셨다. 이렇게 '2박 3일'의 시간이 쏜 화살처럼 흘러, 이제 딸들과 딸의 남자친구를 다같이 택시로 공항에 보내기 전, 각각 긴 포옹을 하면서 그들을 배웅했다. 이제 뉴욕에 가면 잠 잘 시간도 부족하게 할 일이 쌓여 있는 그 아이들에게 내 시간을 일부라도 떼어 주고 싶다. 공항으로 떠나는 아이들의 뒷모습을 바라보는데, 왜 이리 마음이 짠한 지 모르겠다. 늘 그리움은 이렇게 남겨진 자의 몫인가 보다!

　남편은 그동안, 매일 정원에 나가 몇 시간씩 정원을 손질하고, 꽃 시장에서 예쁜 가을 국화와 동백 등등, 방문하는 딸들을 위해 많은 신경을 썼는데, 이제 딸들이 떠나고 큰 화단에는 활짝 핀 가을 꽃들과 남겨진 새들이 예쁘게 웃으며, 큰 나무 위에서 즐겁게 노래하고 있다.

　큰 집에 동그마니 남겨진 우리에게, 다시 쓸쓸하지만, 조용한 평화가 찾아왔다!

태양의 서커스 "코르테오" 관람기

나는 '태양의 서커스' 관람을 좋아한다. 단순한 서커스 공연이 아니라, 인간의 몸이 보여 주는 한계치를 넘어선, 예술적 경이로움을 함께 보여 주는 공연이다. 태양의 서커스는 1984년 캐나다에서 20명의 길거리 공연자들이 처음 시작한 공연단으로, 지금은 직원 사천 명, 아티스트 1천 3백 명 규모로 세계 최대의 '서커스 공연단'이다. 지금까지 총 51개의 테마 공연을 펼쳤고, 누적 관객 1억 8천 만명을 기록하고 있다. 현재 20개의 각기 다른 공연이 세계 각지의 메이저 무대에 올려지고 있다.

나는 10년 전에 뉴욕 항구에서 배를 타고, 무인도 '앨리스 섬'에서 자체 제작한 어마어마한 큰 천막에서의 첫 공연을 아주 감명 깊게 본 후, 마침 '조지아'에서 공연이 있다고 하여 예매를 하고, 몇 달 전부터 기다렸다! 우리 집에서 고속도로로 나가, 차로 30분을 달려 공연장에 왔다. 뉴욕 공연에 비하면, 너무 편한 위치이다.

'코르테오'는 이탈리아어로 '행렬'을 뜻한다. 주인공인 광대가 상상하는 천국과 인간 세상 사이의 즐거운 행렬을 나타내는데, '나이 든 광대'가 그리는 자신의 '장례'에서 코미디와 환상, 따뜻한 휴머니즘이 삶의 반추로 멋지게 표현된다. 삶을 기념하는 깊은 의미가 공연 전반에 담겨 있다.

이 공연장은 360도로 볼 수 있게 잘 설계되어 있다. 공연장 바깥에서 간단히 요기 후, 큰 기대감 속에 공연장에 입장했다. 보이는 모든 것이 다 신비롭게 설치되었고, 공연 내내 악단이 직접 노래와 연주를 바로 무대 옆에서 한다.

　큰 풍선에 매달려 날아다니는 '여자 난쟁이' 여인의 모습인데, 키가 90센티 정도의 귀여운 외모와 목소리를 지녔다. 사실 40중반의 나이가 되어가는 듯한데, 이렇게 공연하는 일이 어디 쉬우랴! 그 외 많은 공연자들이 서커스 공연의 기본 기술 중의 하나 인, 줄을 매달고 날아다니며, 흥겨운 음악에 맞춰 춤을 추며 묘기를 보여 준다. 2시간 여의 공연 내내, 주로 천장에 매달려서 공연하는 천사들의 모습이다. 노래도 부르고, 춤도 추며 친구들과 대화하기도 한다. 이 공연의 모든 공연 자들이 열심과 전문성을 가지고 무대에 임한다. 정말, 한순간도 눈을 뗄 수 없는 '멋진 공연'이었다.

공연을 마치고, 관객들은 모든 공연 자들에게 뜨거운 환성과 열렬한 박수를 보내 주었다. 나도, 남편도 매우 흡족한 공연이었다. 만일, 또 다른 공연이 이곳에 온다면, 꼭 다시 보러 오자고 약속을 하고, 다시 집으로 돌아오는 길…! 동네의 기찻길에서 오랜만에 화물 기차를 보게 되었다. 어찌나 긴지, 한참 동안을 마주 서서 기차가 지나가는 것을 차 안에서 지켜보았다.

　그러면서, 우연히 기찻길 옆에 붙여진 포스터를 보게 되었는데…,
　9월 마지막 주에 열리는 우리 동네의 '가을 축제'를 광고하는 간판을 보니, 그곳에도 꼭 가고 싶다는 생각이 들었다! 특히 낙엽이 아름답고, 가을이 오래 계속된다는 조지아의 가을 축제라니! 그 풍경이 얼마나 풍성하고, 아름다울지 가히 짐작이 된다.

　나는 빨리 '조지아의 멋진 가을'을 맞이하고 픈 생각이 오는 내내, 나의 머릿속에 가득하다.

8월의 블루스

8월 중순이 지나면서, 그 뜨겁던 8월의 햇살이 다소 누그러졌다.

이곳 조지아 주에서는 비가 많이 오고, 때로는 거친 바람도 세게 불어서 공기가 너무 맑고, 그 덕분에 6, 7월에는 너무 뜨겁고 눈이 부시도록, 햇살이 새하얗게 내리쬐는 날씨였다. 그러더니, 8월 중순부터, 아침 저녁으로 날씨가 선선해지면서, 아침 한나절까지 에어컨이 없이도 살 수 있고, 저녁에는 집 앞과 뒤뜰의 키 큰 소나무와 아름드리 단풍나무에서 온갖 풀벌레들이 요란하게 울어 댄다. 다가오는 가을이 오기 전에, 빨리 짝짓기를 하려는 벌레들의 안타까운 '구애의 노래'일 것이다. 이제 좀 더 날씨가 선선해지면, 하늘이 더 파랗게 높아져 가고, 흰 구름이 하얗게 떠다니는 가을이 훌쩍 우리에게 다가올 것이다.

아…! 이렇게 늦여름의 정취는 내 곁에서 애잔하고, 달콤하게 저물어 가고 있었다.

늦여름의 꽃

은빛 찬란했던 8월의 햇살이
사무치도록 향기로운 여름 꽃들이
시간이 지나니까, 서서히 저물어 간다

나무에 가려 이제야 겨우 붉은색 꽃을 달고,
서서히 피어나는 배롱 나무 한 그루

꽃송이마다, 붉은 자신의 소원을 매어 달고
아무런 불평없이 서있는 나무를 보면서
무엇보다도 내가 사랑하는 사람들이 그리워지는
어느 늦여름의 오후였다.

내리는 세찬 비가 좋은 이유

　아침 내내 뜨거운 햇빛이 오후 되면서 다소 주춤하더니, 화단에 물을 주는 시간에 맞춰 굵은 빗방울이 "후두둑" 소리를 내며 시원하게 쏟아진다! 이곳, 조지아로 이사한 후에 가장 큰 변화는 내가 늘 구름 끼인 창가를 바라보며 비를, 빗줄기를 갈구하는 것이다. 마치 8월의 뜨거운 햇빛에 달궈진 바위나 돌. 목 마른 풀들과 나무와 꽃처럼 비를, 시원하게 내리는 빗줄기를 갈망한다! "후두둑" 내리던 빗줄기는 드디어 세찬 비로 바뀌어 내린다. 길 옆에 열로 달구어진 차들도 시원하게 세차를 하고, 모든 나무와 풀들이, 큰 바위와 돌들조차 시원하게 내리는 비에 축축이 젖고 있다!

　앞이 안 보이게 내리는 비, 때로는 무섭게 바람이 불기도 하고, 때로는 천둥과 번개가 같이 휘몰아치기도 한다! 우리 집은 제법 높은 언덕배기에 위치해 있어서 집 앞의 비가 세차게 흘러 아래 나지막한 동네로 향한다. 마침 집 바로 앞에는 큰 나무에 가려 지금 늦게 나마, 빨간 꽃을 매달은 배롱 나무가 시원한 소나기를 맞으며 의연히 서 있는 것 같다. 여기는 비가 1시간가량 시원하게 내린 후, 언젠가 그랬냐는 듯 햇살이 비춘다. 나는 창가에 서서 하염없이 내리는 세찬 빗줄기를 바라보고 있다. 내 마음도, 몸도 빗줄기에 시원하게 씻기어지는 듯하다.

　이제 비가 그치면 나는, 비 냄새와 섞인 흙 냄새와 길에 흥건히 젖은 풀과 나뭇잎 냄새를 맡으면서, 나 홀로 긴 '저녁 산책'을 할 것이다! 이상하게도 그 향은 나에게 깊은 힐링의 숨결이 된다.

내가 이곳, 조지아로 이사한 후 나의 가장 즐겁고 행복한 시간이다!

작은 '동물원' 같은 우리 집

며칠 전부터 사슴 가족이 우리 집 앞마당에 자주 찾아온다. 우리 동네에는 여러 마리의 사슴들이 출몰하는데, 특히 우리 앞집에서는 사슴에게 과일도 주고, 이런저런 먹거리도 주는 모양이었다. 늘 저녁 나절이면, 사슴들이 그 집 앞에서 배회하더니, 오늘 아침에는 아예 우리 집 앞마당에서 턱 하니 자리 잡고 편하게 앉아 있다. 아무도 자신들을 해치거나, 위협을 가하지 않는다는 믿음과 안정감이 있어서겠지…! 너무 편하게 앉아 있는 모양이 우스워서, 사진을 찍어 보았다.

그러더니, 점심 나절에는 뒷마당에 검은색의 '도롱뇽'이 등장했다! 어린 도롱뇽은 빨강. 초록. 갈색 등등 자신이 있는 곳에 따라 색이 다양하게 변화한다. 평소에 이런 '파충류'는 질색을 하지만, 이렇게 그 새끼를 보니, 귀

엽게 보이기도 한다. 앞마당의 꽃 화분 곁에서 빨간 도롱뇽도 여러 번 보았다.

그날 저녁에는 비가 많이 내렸고, 다음 날 아침 '육지 거북이'가 우리 집 앞 주차장까지 등장했다. 육지 거북이를 가까이서 보니, 너무 징그럽고, 얼굴이 무섭다! 거북 목. 땅거북과에 속하는 거북들의 총칭으로 흔히 '육지 거북이'라고도 한다. 대부분의 종이 열대나 아열대 기후 지역에 서식하며 몇몇 종을 제외하면 대체로 고온 건조한 환경에서 자생한다. 아프리카, 지중해 연안, 중앙 아시아, 남아시아, 동남아시아, 아메리카 대륙 등

광범위한 지역에 다양한 종들이 분포한다고 한다. 모든 종이 평생을 육지에서 살아가며 헤엄을 잘 치지 못한다. 서식 환경은 매우 다양한데 사막, 초원, 숲에서 사는 종이 모두 있다. 일반적으로 단독 생활을 하는 동물이며, 짝짓기를 제외하면 모이는 일이 거의 없다. 대부분의 종이 암컷이 수컷보다 약간 더 크다. 주로 초식을 하는데 간혹 동물의 사체, 벌레 등을 먹이로 삼는 종이 있기는 하나, 그런 종들 역시 주식이 풀인 것은 다르지 않다. 다른 거북들과는 달리 혀가 턱에 붙어 있지 않아, 육지에서도 먹이를 삼킬 수 있다고 한다. (이상은 네이버 사전에서, 내가 간단히 요약, 정리한 것이다)

나는 이렇게 숲으로 어우러진 긴 길을 저녁 나절마다, 어느덧 나이 80세를 훌쩍 넘기신 친정 엄마와 함께 산책하곤 한다. 더운 여름, 8월이 어느덧 중반을 향해 가고, 이제 밤에는 제법 시원하고, 가을 풀벌레 소리가 "찌르르! 찌르르!" 정겹게 들려온다! 이제 곧 무더웠던 8월이 지나고 나면, 내가 기다리던 가을의 문턱, 9월이 다가오겠지…!

새벽 미명의 노래

 어제 낮에 시장에 다녀오다가 너무 더워서 카페에서 '디 카페인 아이스 라떼'를 하나 시켰는데, 새로 온 듯한 알바생이 그만 일반 커피로 만든 듯하다. 요즈음 나는 카페인에 예민해져서, 오후에는 꼭 '디 카페인' 커피를 마셔야 밤에 잘 잘 수 있다. 낮에 마신 커피 때문에 나는 밤새 잠자리에서 뒤척이다가, 새벽 5시에 바깥의 희뿌연 여명을 보고서야 겨우 자리에서 일어나, 내가 우리 집에서 가장 사랑하는 썬 룸에서 고요히 어둠을 깨치며 시작되는 '새벽 빛'을 바라본다.

새벽 다섯 시 반. 마침 보슬비가 내리고 있었지만, 이 회색 빛이 감도는 연한 오렌지 빛의 여명을 누가, 어떻게, 그대에게 세세히 설명할까! 나는 급히 폰을 꺼내 들고 약간의 보슬비를 맞으며, 밖에서 이 찰나를 여러 장의 사진으로 찍어 보았다. 뉴욕에서도 지금 한창 배롱 나무가 붉게 타오르는 즈음이지만, 우리 집 뒤뜰의 큰 배롱 나무는 더 큰 소나무에 가려, 이제 서야 겨우 붉은색 꽃을 저 머리 위에서부터 살짝 물들이고 있다. 모든 것이 고즈넉한 이 새벽! 곧 어머니와 큰 딸이 일어나기 전, 나 홀로 따뜻한 한잔의 커피를 마시며 조용히 새로운 하루를 시작하려 한다. 이 새벽 시간, 어머니는 이미 깨어나셔서, 침대에 엎드려 온 가족들의 안위를 위해 기도하고 계시리라!

날이 더운 조지아에서는 흐리고 비가 오는 날은 마치 뜻밖의 선물을 받은 듯, 새삼스러운 고마움이 교차하는 기분이다. 이전에 일상처럼, 늘 흐리고 비가 오던 동부에서 살 때는 미처 느끼지 못했던 기분인데, 비행기로 2시간! 차로 15시간 걸리는 남부의 먼 곳으로 이사한 후에 느끼게 된 새로운 변화이다. 바람과 구름, 그리고 비가 귀한 한여름의 조지아! 복숭아가 많이 열려서 그 이름마저 향기로운 'Peach State'에 사는 장성한 두 딸의 엄마이자, 착한 남편의 아내. 지금 우리 집에 방문하고 계신 친정엄마의 둘째 딸…, 이것이 현재 내 삶의 가장 절실하고 '특별한 이름'이다!

화양연화 1

저 길가에는 한여름의 뙤약볕이
흰 모래 빛으로 하얗게 쏟아지네
위로 받고 싶은 빨간 새 한 마리가
친구와 함께 푸드득 날아오르고

화려한 나비 떼들이 노란 여름 꽃
한 무더기 속에 숨 죽이고 가만히
내 뜰 안에 숨어 있는 오후였다네

오랜 벗과의 오랜 해후를 꿈꾸었던
그 가을의 소박한 찻집이 오래된
흑백 사진처럼 머릿속에 그려지네

결국 서투른 몸짓으로 돌아서 가는
저 석양빛 세상에서 너를 마주침은
한낮의 잊지 못할 단 꿈이었을까!

화양연화 2

화려한 꽃들의 계절인 6월에
창문 밖으로 눈부신 꽃들의 세상을
나만 시름에 잠긴 눈으로 바라본다

한가로이 흐르는 저 구름 한 조각
홀로 저무는 시간은 냇물 흐르는
소리를 내며 속절없이 흘러간다

어느새 하늘 가에 고운 석양빛이
물들고, 아…! 그 누구의 손길로
저토록 황홀한 빛깔을 빚어내었나?

우연, 혹은 필연

어제 뉴욕에서 일하는 큰 딸이 조지아로 내려왔다. 이제 작은 딸은 남자 친구와 며칠 후면, 도착할 것이다. 이사한 후, 처음 맞이하는 가족들이기에 이런저런 신경을 많이 쓰게 된다.

무엇보다도 내가 시경을 쓴 곳은 현관에서 들어오면서 맞는 첫 관문인데, 새로 사는 것보다 이전 추억을 되새기면서 '오래된 가구'와 '가지고 있던 그림', 그리고 지인에게 선물 받은 '중국 도자기'를 배치해 보았다! 특히, 이 가구는 어머니가 한국에서 1984년, 그러니까, 무려 40년 전에 미국에 이민으로 오시면서, 가지고 오신 '고가구'이다.

그리고 마지막에 걸린 이 그림은 오래 전 어머니의 지인 분이 선물해 주셔서, 결국 나에게 로 온 1983년 작품이다!

이상하게도, 이 그림과 그 안의 작은 '오두막 집'을 들여다보니, 40년 전의 한 외국 여자 분이 그린 그림과 이 집의 오래된 '트리 하우스'와 그 배경이 마치 보고 그린 듯이, 비슷하게 맞아 떨어지는 것이 아닌가? 나는 깜짝 놀라서 어머니께 이 두가지를 보시라고 말씀드렸다.

아! 그러고 보니, 이 모든 세상사가 '인연', 혹은 '필연'에 의해 움직이고 귀결되는 것인가? 집도, 사람도, 인연이 이어져 있고, 그것이 결국 필연을

만들어 낸다고 하더니, 나는 새삼스레 우리의 삶과 이어져 있는 많은 인연들에 대하여, 다시 한번 깊이 생각해 보게 된 하루였다.

내 삶의 바람 소리

나는 홀로 이 세상을 떠돌아다니는 '바람 소리'를 유난히 좋아한다. 그래서, 그 바람 소리를 듣기 위해 근처의 한적한 바닷가를 찾곤 했었다.

내가 한국에서 돌아온 4월 초, 쌀쌀한 바닷가의 바람 소리와 그 비릿한 바다 내음이 이곳에 온 후에도 내내 그립다. 그러나 이런 내게 한번도 '고 마운 바람'이라는 생각이 들지는 않았다. 당연한 '자연현상'이라는 생각이 들었고, 단지 그 바람이 휘몰아치면서, 사물과 부딪히면서 내는 그 소리가 좋았다. 그러나 이곳-조지아로 이사 온 후에는 바람이 정말 고맙다. 그동안 이른 폭염으로 며칠 내내, 비도 오지 않는 눈부신 땡볕이 계속되었고, 그나마 바람조차 불지 않아, 나는 편두통이 시작되었다. 그런데 어제부터 날씨가 시원해지더니 바람이 끊임없이 불어온다. 지금 미 동부, 뉴욕은 36-37도의 고온에 시달리는데 이곳은 뜻밖의 시원한 바람과 구름으로 인해, 나는 오랜만에 창문을 활짝 열고, 커피와 함께 하는 한적한 오전을 보내고 있다.

"아! 나의 오랜 친구 같은 고마운 바람이여…!"
저 먼 곳, 북쪽에서 불어오는 바람 덕분에 오랜만에 힐링 하는 기분이 들었다. 저 바람이 불어오는 곳은 과연 그 어디인가? 원초적인 바람 소리를 듣고 싶은 마음이 너무 간절하다.

이 시원한 바람 소리와 더불어, 가슴이 사무치도록 향기로운 '치자 꽃 향기'를 먼 곳의 '사랑하는 그대들'에게 한 아름 실어 보내고 싶은 것이다.

초 가을에 든 생각

내 가진 것을 다 퍼 주어도
후회하지 않는 건 무엇일까?
사랑? 우정? 아니면 그냥 情인가?

아직도 도무지 알 수 없는
나의 마음 속의 행방이다
과연 이 길들이 무엇이 될런지
아직은 나도 알 수 없다

삶이 한참 흔들리던 이전의
어리고 순진한 내가 그랬듯이
삶의 무엇에도 마음이 가지 않는다

요즈음 이상하게 일상이 다 시들하다
가을이면 나는 늘 가을 병을 앓는데,
어느덧 계절이 바뀌어 가을이 되어서일까

남부의 꽃, Magnolia Grandiflora

　이곳, 조지아에서 가장 눈에 뜨인 것은, 크고 반짝이는 푸른 잎을 가진 '태산 목'(泰山 木, Magnolia grandiflora)이라는 꽃나무였다. 그 나무가 어찌나 크고, 온 천지에 많은 지, 내가 살던 뉴저지에도 있었지만, 그것은 작은 나무였는데, 이곳의 나무는 어마어마하게 크고, 꽃도 아주 탐스럽게 크다.

　'태산 목'은 상록의 목본으로서 잎은 크고, 혁질이다. 주로 미국의 중, 남부에 서식하며, 5-6월경에 가지 끝에 크고 향기가 짙은 흰 꽃이 핀다고 한다. 우리가 잘 아는 일반 목련(Magnolia)과 벚꽃들은 주로 중부와 동부에 많고, 이곳 남부에서는 잘 보이지 않는다. 내가 이전에 살던 미국의 동부에 흔한 은행나무와 코스모스들도 이곳에선 보기가 드물다. 이곳에 가장 흔한 것은 키가 어마어마하게 큰 소나무(춘양 목)와 바로 이 태산 목 나무이다. 우리 동네에 어마어마하게 큰 태산 목은 그 꽃만 해도 수 백 송이가 달릴 정도이고, 크기는 2층 집과 맞먹을 정도이다. 그 외에도 상수리나무와 느티나무, 사철나무와 전나무 등도 많다. 우리가 처음, 이곳에 이사 왔을 때가 5월말이어서, 꽃들이 거의 지고 없었는데, 가을이 되면서 꽃이 몇 개 피었다. 나무가 큰 만큼, 그 꽃들도 어마어마하게 크다. 내 손바닥을 활짝 펴야 할 정도이다.

멀리서 보아도, 너무 예쁜 것은 꽃이 진 후, 그 수많은 자리마다 이렇게 꽃 안의 암술이 커지면서, 그 안에 빨간 열매가 달린다. 꽃이 내 손바닥을 활싹 필질 정도로 크기에, 그 꽃 안에 오므리고 있는 암술도 엄청나게 크다. 마치 석류가 익어, 그 안의 열매들이 터져 나오듯이, 수없이 붉은 열매들이 알알이 가득히 맺혀 있다. 가을이 오면서, 상수리나무와 단풍나무 등도 어마어마하게 열매가 달리고, 이렇게 꽃나무마다 수없이 많은 열매가 달리니, 온갖 새들이 나무 위에서 즐겁게 노래하고, 다람쥐, 토끼, 사슴들이 신나서 하루 종일 뛰어다닌다.

특히 가을이 시작되는 9월에는 내 생일이 있는 달이다. 내가 한국에 나가기 전, 딸들과 딸의 남자친구가 방문했고, 남편이 카드와 아름다운 꽃을 한 아름 선물로 주었다. 조지아에 와서, 처음 보는 신기한 열매가 달린 것인데, 저 아래의 작은 호박은 "펌킨 플라워"라고 한다. 아마도 장미 줄기에 호박을 접목한 듯 보인다. 미니 호박의 줄기는 장미의 굵은 줄기처럼 생겼는데, 꼭 장미처럼 가지마다 굵고, 큰 가시들이 있다! 아름다운 꽃바구니보다 더 '아름다운 마음'을 한 아름 받은 날, 소소한 일상의 행복함이 가슴 가득히 밀려오는 날이었다!

한여름의 꽃

저 길가에는 한여름의 뙤약볕이
바닷가 모래알처럼 하얗게 쏟아지고
가을이 내게 다가옴을 느끼게 해 주는
내 작은 창가의 소소한 풍경들이여

그렇구나, 너와 내가 이별을 말하던 그 밤에
큰 길에 휘몰아치던 거센 비바람과 천둥, 번개,
그리고 비처럼 쏟아지던 너의 눈물

서서히 내게서 사라져 가는 것들과
그럼에도 내게 다가오는 것들을 생각해 보는
어제는, 마침 달빛이 환한 가을 밤이었다네

이렇게 비바람 치며, 지루하던 여름은 가고
새로운 색색의 옷을 걸치고서, 가을이
우리에게 성큼, 성큼, 다가오고 있었지…!

10월의 단풍나무

리본을 가지마다 빨갛게
매달고 있는 단풍 한 그루
본래 어디에 그 붉고 깊은
너만의 숨결을 숨겨 놓았을까?

매 순간마다 가을 아침에
푸르른 하늘을 향해 눈을 뜨고
내 창가에는 어느덧 서늘한
갈 바람이 불고, 참새 떼들이
줄지어 날아오고

주어진 하루를 시작하면서
붉은 단풍나무의 예견된
그 고독한 낙엽의 길을
나는 한결같은 마음으로
굳세게 서서 응원하리라!

영화와
시 이야기

1: BECOMING ASTRID

    이 영화는 2018년 제작된 덴마크와 스웨덴 합작 영화, 2021년 한국에서 개봉하였다. 스웨덴의 한 시골에서 가난한 농부의 딸로 태어난 자유분방한 소녀 '아스트리드'-그녀가 바로 《말괄량이 삐삐》 시리즈로 전세계적인 유명 작가로 성공한 '아스트리드 린드그렌' 이다.

    그녀의 첫 직장은 동네 신문사의 인턴이었는데, 그곳에서 이혼 재판 중인 나이 많은 사장을 만나, 그녀는 불 같은 사랑을 하고 결국 아기를 임신한다. 그 당시 보수적인 기독교 가정에서 자란 그녀의 부모님에게 결혼전의 임신은 상상할 수도 없는 일이었다. 고향을 떠난 그녀는 머리를 자르고 신세대 여성으로 도시에서 취업하고, 오직 아이를 데려와 같이 살 생각으로 돈을 모은다. 우여곡절 끝에 결국, 그녀는 아이를 데려와 고향의 부모님과 가족들에게 인사하게 된다. '아스트리드'의 10대부터 20대 후반까지의 삶을 그린 요즘 드물게 보는 수작 영화였다. 그녀의 동화는 거의 100여 권에 이르고, 전세계적인 유명 작가로 문학상도 많이 받고, 그녀는 크게 성공한 여성으로, 스웨덴의 사회 활동가. 웅변가로도 이름을 날렸다.

    아이러니하게도 그녀의 동화는 아기를 '위탁 가정'에 맡긴 죄책감을 가지고 쓰였다고 한다. 아마도 영화의 2편에서는 그녀의 작가로서의 성공 이야기가 그려질 것이다. 나는 이 영화가 단순히 그녀의 '성공 이야기'가 아닌, 나이 어린 미혼모로서 당시의 사회적 편견 하에서 자신의 아이를 지켜 내겠다는, 그녀의 '간절한 사랑'과 희망을 향한 '부단한 노력'에 대해 말하고 싶었던 것 같다.

'아스트리드 린드그렌'의 인생과 작품을 통해 여러 주제를 탐구하는 영화로써, 창조적 재능의 발달, 여성의 역할, 개인적 성장, 그리고 문학의 힘과 같은 주제에 대해, 깊이 있는 통찰이 담겨 있다고 생각된다. 독자들께도 꼭 한번 보시라고, 강추하고 싶은 영화이다.

'말괄량이 삐삐' 영화의 한 장면

2: (고) 이선균 주연 영화 2편

어제는 또 다른 영화 2편을 편하게 집에서 보았다. 둘 다 (고) 이선균 주연의 영화인데, 그를 추모하는 마음으로 직접 돈을 결제해서 보았다!

영화 〈행복의 나라〉는 '10·26사건'을 둘러싼, 알려지지 않은 인물들의 이야기에 주목한 작품이다. 지난해 12월 갑작스럽게 세상을 떠난 배우, 이선균이 주연한 영화 두 편이 개봉되었는데, 고인이 마지막까지 작업에 집중한 영화들로, 작품을 통해 어떤 이야기를 꺼낼지 주목받고 있다. 이선균이 주연한 〈행복의 나라〉(제작 파파스 필름)가 8월 개봉을 확정한 가운데, 또 다른 주연 영화 〈탈출: 프로젝트 사일런스〉도 올해 여름 공개를 준비하고 있다고 한다.

이 두 영화는 고인의 사후 '이선균의 마지막 작품'으로 먼저 주목받고 있지만, 그보다 새로운 이야기를 꺼내 상브석인 도전을 거듭하면서 완성도를 높인 작품들이란 사실로 의미를 갖는다. 알려진 역사의 이면을 바라보는 새로운 시선, 한정된 공간에서 벌어지는 서스펜스 짙은 재난으로 관객에 볼거리를 선사한다는 각오로 나선다. 특히 가장 마지막으로 이선균 배우가 찍은 〈행복의 나라〉에서 그는 강직한 군인으로, 자신의 말 한마디로 사형을 피할 수도 있었지만, 결국 '절대 복종'이라는 군인의 길을 택하며 스스로 사형의 길을 당한다! 이미 그때 이런저런 일에 휘말려 있어서일까! 영화에서 본 그의 눈빛이 너무 서늘했다. 마치 죽음을 예견한 듯한 눈빛이었다고 할까? 군 법정에서 사형을 언도받고서, 담담하게 법정 밖으로 나가는 박 대령의 모습이 '이선균 배우'의 마지막을 연상시켜 눈시울이 뜨거워졌다. 생과 사를 가르는 '갈림길'에 선 한 사람! 그럼에도 당당히 선 자의 눈빛은 마치 덫에 걸린 야생동물처럼, 가슴이 저릴 정도로 처연하였다.

3: 소풍(2023년 개봉)

무료한 일요일 오후, 집에서 티비로 편하게 영화를 보았다. 제목은 〈소풍〉: 김영옥. 나문희. 박근형 주연의 영화이다. 나는 '나이 드신 분들의 우정 이야기려니…!' 하면서, 부담 없이 보기 시작했다.

조용한 바닷가 시골 마을에서 태어나고, 같이 학창 시절을 보낸 세 사람은 인생의 평온치 않은 막다른 길에서 다시 조우한다. 고향 동네에서 작은 '양조장'을 경영하던, 박근형은 어릴 적 첫사랑이던 나문희가 오랜만에 시골 동네로 내려온 후, 며칠 만에 뇌종양으로 아무에게도 알리지 않고 급작스러운 죽음을 맞이하고, 남겨진 나문희와 김영옥, 두 사람은 자식들에게 '작은 보험금'이라도 줄 목적으로, 맛난 김밥을 준비해서 둘만의 '소풍'을 떠난다. 둘 다 이미 깊어진 중병으로, 이제 '양로원'에 가야 할 처지였기에, 절벽 위에서 '추락사'를 계획한 두 사람은 활짝 웃으며, 이 세상의 마지막을 준비한다. 아름다운 노란색 들꽃이 가득한 바닷가 설벽 위에서, 그들의 뒷모습은 눈이 시리도록 처연하였다. 이 마지막 장면을 보며 너무 가슴이 시려서, 엄마와 같이 울었다! 이 영화에서 제일 압권은 두 사람이 준비한 김밥을 맛나게 먹으면서 말한다.

"우리, 김치라도 좀 준비해 올 것을 그랬나?"라면서 둘이 배꼽이 빠질 듯 웃는데, 이 장면이 어찌나 슬프면서도 우스운지…! 결국은 자신들이 '가야 할 길'이기에, 오랜 친구 둘은 손을 꼭 잡고, 슬프지 않게, 오히려 웃으면서 그 길을 '소풍을 떠나듯'이 가는 것이다!

사실, 마지막 내용이 여러 논란을 제공하고, 독자들에게 우울함을 줄 수도 있지만, 충분히 아름다운 영상으로 담아낸, 이 시대의 슬픈 '노년기'를 대변해 주는 좋은 영화였다고 생각이 들었다.

4. '한강' 작가의 소설로 제작된 영화 2편

'한강' 작가의 소설을 원작으로 한 작품 2개가 2010년, 2011년 독립영화로 제작되었는데, 이번에 한강 작가의 노벨상 수상을 축하하며, 새로이 이 영화 2편을 우리 집 근처의 경기도 박물관 '특별관'에서 상영하고 있어, 어머니를 모시고 같이 보러 갔다.

1. 영화 〈채식주의자〉 (각본. 감독: 임우성/주연: 채민서, 2010년 제작)는 평범하게 살던 영혜가 돌연 '채식주의자'를 선언하면서 그녀의 남편을 비롯한 다른 가족들은 당황하게 되고, 가족 식사 중 고기를 먹지 않는 영혜에게 억지로 고기를 먹을 것을 강요하며 폭력을 휘두르고, 급기야 영혜가 발작을 일으키면서 점점 파국으로 치닫는 작품이다. 원작보다 영화를 보니, 그녀의 광기와 형부와의 미친듯한 불륜의 행위도 담담하게 이해되어진다.

2. 영화 〈흉터〉 (감독: 임우성/출연: 박소연, 정희태, 2011년 제작)는 소설가 한강의 소설집 《내 여자의 열매》에 수록된 중편 《아기 부처》를 원작으로 한 작품으로, '뉴스 앵커'인 완벽주의자 상협과 동화 '일러스트레이터'이자, 평범한 가정주부인 선희, 이 부부의 비밀스러운 상처와 사랑을 그린 작품이다. 이렇게 한강의 작품을 통해 삶의 고뇌, 상처, 그리고 치유의 과정을 깊이 있게 탐구하는 시간이 되었다.

특히, 이번 상영작 중 하나인 〈채식주의자〉는 '선 댄스 영화제'에서 주목 받은 작품으로, 인간 내면의 복잡한 갈등과 사회적 억압을 섬세하게 표현 하였으며, 영화 〈흉터〉에서는 사랑과 상처라는 주제를 날카롭고 심도 있 게 다룬 작품이다. 각 영화 상영 후, 한강 소설의 주요 주제를 바탕으로 한 영화의 미학적 재구성과 상징적 표현을 깊이 성찰할 수 있었다. 또한, 상 영된 두 작품은 이미 원작 소설을 읽은 나에게는 책이 주지 못하는 새로 운 감동을, 이 영화를 처음 접하는 어머니께는 궁금해하시던 '한강 작가' 의 문학 세계를 시각적으로 이해하는 데 도움이 된 영화였다.

영화를 보고 나서, "도대체, 이게 무슨 영화냐? 나는 잘 모르겠다."라고 하시는 어머니께 한강 작가의 책을 선물해 드렸다. 이제 '한강' 작가에 대 한 열풍이 좀 식었는지, 일반 서점에서도 쉽게 그녀의 작품을 구할 수 있 었다. 유명한 그녀의 소설 집 외에도 《한강》이라는 책(문학동네, 2023년 6월 초판 발행)에서는 그녀의 시와 단편, 장편, 에세이 등이 골고루 실려 있어서, 그녀의 작품을 다양하게 볼 수 있었다.

　요즈음, 이곳의 날씨가 겨울 같지 않게, 어찌나 포근하던지, 봄이 다시 온 것 같다. 길가의 화원에서는 아직도 장미가 아름답게 피어 있고, 그 향기가 짙게 배어난다. 좋은 영화나 책은 아름답고, 향기가 짙은 꽃처럼, 그 여운이 오래 간다.

시평 1: 피고 지는 일 (허향숙)

"뒤로 멈춤 앞으로 태양은

늘 처음 자리에서 빛나고

어둠 혼자 피고 진다"

나는 늘 마음이 심란하고, 현실의 벽으로 막막할 때마다, '허 향숙 시인'의 시를 떠올리고, 다시 한번 정독하며 읽게 된다. 그녀는 현재의 나타난 '현실의 사건' 이면의 것들을 깊게 바라보는 시각을 우리에게 나지막이 전해 주는 것이다. 허 시인의 이 시에서, '어둠이 피고 진다'는 표현이 가장 의미심장하게 다가온다. 그녀는 이 시에서, "철마다 꽃이 피고 지는 일처럼, 어둠이 오고 걷히는 것"이 보이는 현실에 나타나는 하나의 '현상'이라고 보고 있고, 사실 우리 삶의 모든 것이 그러할 것이다. 이 모든 것은 현재 보이는 '현실의 모습'이고, 이것은 굳이 말하지 않아도, 흘러가는 시간에 따른 어쩔 수 없는 '변화'라는 뜻이다.

"지금 캄캄하다 하여 울지 말자
머지않아 어둠은 질 것이고
사위 환해 지리니…"

모든 삶의 현실 속 일들이 비록, 상상 속에서는 크게 보일지라도, 결국 이것 또한 바다에 이는 '물결'에 불과하다는 의미이다. 그러므로 모든 '삶의 의미와 깊이'는 결국, 이 세상이 지금은 알 수 없지만, '온전한 빛'으로 충만하다는 생각으로 해석된다. 허시인의 이러한 시심(詩心)은 우리의 마음을 깊게 바라보는 그녀의 시각에서 태어난 것이다. 그녀의 시를 보면, 그리고 그 시인을 떠 올리면, 그들의 영혼의 깊이와 맑기를 가늠할 수 있다는 점에서, 나는 감히 시는 '사람의 영혼의 깊이를 재는 척도'라 말해 보는 것이다.

시평 2: 바람에게 (이해인)

　시인으로서 이해인 수녀님은 많은 '기도문'과 신앙에 관한 '시'들을 쓰셨다. 수녀님의 시들은 색으로 보자면, 항상 비슷한 초록의 색감으로, 글의 느낌을 색으로 말하자면, 흰 빛의 동일한 톤이다. 그것은 그녀의 신분이 '수녀'라는 종교인으로, 제한된 공간(수녀원)에서 사는 '신을 찾는 수도 자'이기 때문일 것이다. 특히 내가 이 시에서 주목하는 것은, 그렇게 신앙의 길로만 매진하였지만, 그런 수녀님에게도 평범한 인간들이 느끼게 되는 고뇌와 갈등의 순간들이 왜 없었을까? 하는 것이다.

"삶의 절반은 뉘우침뿐이라고,
눈물 흘리는 나의 등을
토닥이며 묵묵히 하늘을 보여 준
그 한 사람을 꼭 만나야겠다"

우리 평범한 인간들이 그러하듯, 고뇌 속에서 자연을 떠올리고, 그것은 그 안에 깃든 그분의 음성을 듣는 것이다. 그리하여 자신의 등을 토닥이고, 절망한 사람에게 저 하늘을 바라보게 하는 '그분의 사랑'을 다시 한번 확인하는 시이다.

"근심 속에 저무는 무거운 하루일지라도
자꾸 가라앉지 않도록 나를 일으켜 다오
나무들이 많이 사는 숲의 나라로
나를 데려가 다오
거기서 나는 처음으로 사랑을 고백하겠다"

어느 '사랑의 편지'가 이렇게 아프도록 절실할 것인가?

문득, 눈을 들어 하늘을 바라보니, 올해 들어 기다리던 '첫눈'이 오려는지…, 하늘은 짙어 가고, 들리는 바람소리는 어둡다.

시평 3: 춘방 다방 (노향림)

"단양군 별방리엔 옛날 다방이 있다

함석지붕보다 높이 걸린 춘방다방 낡은 간판

춘방이란 70을 바라본다는 늙은 누이 같은 마담

향기 없이 봄꽃 지듯 깊게 주름 팬 얼굴에서

그래도 진홍 립스틱이 돋보인다"

우리가 쓰는 언어에는 '역사성'이 있다. 시간이 흐르며 조금씩 변하는 성질을 말한다. 이를 변하는 성질-가역성(可易性)이라 하는데, 있던 말이 사라지고 없던 말이 생겨나기도 하는 것을 가리킨다. '육교'는 근대 이전에 없던 말이고, '휴대전화'도 30년 전에는 없던 말이다. 복덕방은 '부동산 중개소'로 바뀌었고 예식장은 '웨딩 홀'로 바뀌었다. '다방'도 마찬가지이다. '커피숍'이 등장하며 다방은 뒷전으로 밀려났다. 얼마 지나지 않아 '다방'이란 말도 사라질 판이다. 얼마 전 까지만 해도 다방(茶房)은 만남의 장소였다. 단순한 만남만이 아니라, 역 앞이나 버스정류장처럼 오가는 사람이 많은 곳에 있는 다방은 '휴게실' 역할까지 했다. 마담이 있고, 커피를 가져다 주는 레지가 옆 자리에 앉아 시중도 들었다. 그런데 언제부터 인지 '커피전문점'이 생겨나며 이름이 다방이 아니라 '커피숍'으로 바뀌면서, 다방들이 설 자리를 잃었다. 급속하게 사라진 다방은 이제 옛 시절의 유물처럼 귀한 장소가 되었다.

"단 강에 뿌옇게 물안개 핀 날 강을 건너지 못한
떠돌이 장돌뱅이들이나 길모퉁이 복덕방 김 씨
지팡이 짚고 허리 꼬부라진 동네 노인들만
계란 노른자 띄운 모닝커피 한 잔 시켜 놓고
종일 하릴없이 오 종종 모여 앉아 있다"

노향림의 시 〈춘방 다방〉은 충북 단양군 별방리에 실재하는 다방을 그리고 있다. 우연히 들린 곳에서, 나는 초인종이 없고 누구나 드나들 수 있는 곳이지만, 그래도 영업을 하는 곳이란 뜻으로 손님이 들고 날 때 "딸랑딸랑" 울리는 '딸랑 종'을 달아 놓은 다방인지, 혹은 구시대의 박물관에서 보는 유물 같은 곳에 들리게 되었다. 물론, 장부도 없이 외상을 긋고 가는 동네의 손님 들, 동네 노인들, 그러나 그들이 출입문을 나서면, '딸랑 종'이 마치 결제했다는 듯이 울리는 것이리라.

'춘방'이라는 어쩌면 촌스러운 이름의 다방…, 흔히 요즘 세대에서 말하는 인테리어, 역시 아주 촌스럽다. '마담'이라서 립스틱을 짙게 발랐다지만, 그녀 역시 할머니이다. 그런 다방 안에서 시간은 참 한없이 느리게 갈 것 같지 않은가…! 그런 곳에서 한나절, 시간을 보내고 싶어 진다. 그리고 철 지난 마담 할머니에게서 지난 세월에 대한 아쉬움도 한껏, 귀 기울이며 들어 보고 싶은 것이다.

포토 에세이

친정 엄마와 함께 한 일본여행

내가 급히 일본여행을 계획한 것은, 한국에서의 어머니의 해외 체류 기간을 좀 늘리고자 함이었다. (외국에서 입국 후, 3개월씩을 연장해 준다) 내가 알아보니, '출입국 서류 수속'이 어찌나 복잡하던지, 여행으로 체류 기간을 늘리기로 하고, 모 여행사의 패키지 여행을 선택하니, 우리가 할 일은 그다지 많지 않았다. 이번에 방문할 오사카는 '일본의 천년 도시'이다. 그 외에도 고베, 교토 등을 돌아보는 여행이다.

다 알다시피, 오사카는 해안도시여서 습기가 많고 날씨도 후덥지근하다. 이미 10월 말의 가을임에도 축축히 젖은 풀과 나무, 오래된 우중충한 건물 등등, 오사카의 거리마다 편의점 숫자만큼 많다는 신사와 신당, 절 등이 눈에 띈다.

　우리가 타고 다니던 '리무진 버스', 알다시피 일본은 운전대가 오른편에 있어서, 타고 다니는 사람의 입장에서는 보기에 많이 어색하고 불안하다. 아직도 일본의 도심에 많은 초록색의 '공중전화 박스'는 정신 없이 시간이 흐르는 한국과 달리, 일본에서는 의외로 시간이 천천히 흐른다는 생각이 들었다. 이 길은 유명한 오사카의 '바람의 언덕'에 올라가는 길이다

　이곳에서도 마치 시간이 거꾸로 가는 것 같은 일본의 고도(古都)의 모습이다. 어디를 가든지, 가는 길마다 오래된 '신사와 사당'이 남아 있었다. 끊임없는 자연재해로, 늘 누군가에게 삶의 안위를 기원하며 살았던 그들

의 삶의 방식이리라.

일본의 개항기에 들어온 유럽 문화의 잔재들이 가득한 '바람의 언덕'…, 그들은 외세 침입자들의 흔적인 프랑스, 미국, 스페인 등등의 삶의 터전인 고적을 잘 관리하여, 현재 관광지로 잘 남아 있다.

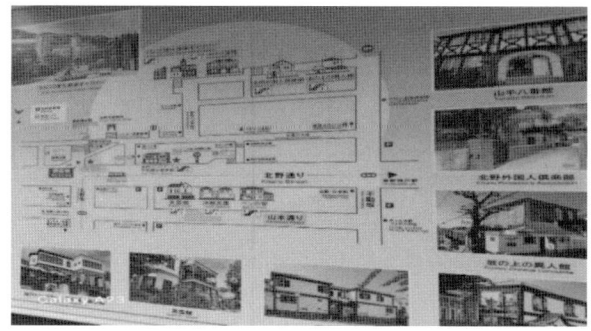

오사카 항구는 모든 문화의 첫 번째 관문이었다. 그래서 서양의 '재즈 음악'이 가장 먼저 들어와서, Bar를 만들어 술과 함께 팔았다고 한다.

 일본에서 제일 처음으로 커피를 들여와서, 일본에 문을 열었다는 가장 오래된 "커피전문점"이다. 지금도 많은 외국의 관광객들로 아직도 성황중이다. 세트로 판매중인 차와 과자 세트가 외국인인 내가 보기에도 참 예쁘다.

 그 다음에는 시내의 "투톤보리" 거리를 돌아보았다. 이곳은 우리나라 명동, 남대문시장 같은 곳인데, 각 나라의 관광버스가 즐비하다. 그래서인지, 거리가 몹시 복잡해서 정신이 하나도 없었다.

　저녁에는 자유시간이 주어졌다. 우리는 사람만 한 크기의 80kg 대 방어 해체쇼를 보면서, 그 집에서 회전초밥을 먹었다. 그 후 복잡하고 휘황찬란한 '오사카의 밤거리'를 구경하였다. 첫날 밤은 도심의 '천연 온천 호텔'에서 묵었다. 어찌나 깔끔하고 물도 좋은지, 오늘 하루의 피곤이 말끔하게 씻겨 내려간 것 같다.

　깔끔한 온천에서 푹 자고 난 후, 그곳에서의 아침 조식도 전통적인 일본식 정식과 양식, 중식으로 얼마나 반찬들이 다양하던지…! 참 좋았다. 다음에 오게 된다면, 꼭 다시 묵고 싶어지는 곳이다.

둘째 날 아침, 약간씩 떨어지던 빗방울을 맞으면서 "금각사"를 보러 갔다. 순금을 무려 20kg 이상을 사찰의 외부에 금박으로 붙인 사찰이다. 행운과 재물을 원하시는 분들이 주로 기도하러 온다고 한다.

멀리서 보기에도 휘황찬란한 '금각사'의 모습이 우리의 눈길을 사로잡는다. 특히 아름다운 것은 호숫가에 세워진 모습과 주위의 아름다운 일본 특유의 정원의 모습이었다. 아래는 금각사의 "입장권"인데, 생긴 모양이 마치 가정의 평안과 사업의 번영을 기원하는 부적 같아 사진에 담아 보았다.

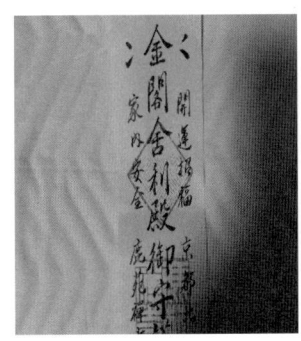 

그 다음에 "학문의 신"을 모신 사당에 갔다. 공부를 아주 잘하던 일본의 귀족을 모신 신사로, 20대에 영의정에 올랐던 사람이지만, 주위의 모함으로 일찍 죽고 결국 나중에 그를 모함한 사람들이 모두 비참하게 죽자, 후세에 그를 신으로 모신다고 하였다.

이곳은 소를 모신 신당이다. 소의 머리를 쓰담으면서 소원을 빈다고 하는데, 특히 자녀들의 학문 성취와 대입을 위해 많은 부모님들이 오서서 기도를 하고 있었다. 모든 것들이 그들의 간절한 염원(공부를 잘해서 좋은 대학에 가는 것)을 담아, 하얀색 등에 빼곡히 붙여져 있다. 그 옆에는 '학문의 신'을 모신 신사가 있다.

그 다음, 마치 우리나라의 인사동 거리 같은 "도월교(渡月橋)" 부근을 방문해 보았다. 현대식 기모노로 갈아입고, 사진을 찍는 여학생들이 많았다. 유명한 소설에도 등장하는 이 다리는 연인들 간의 사랑을 이루어 준다고 한다. 학교의 교복을 입고 놀러 온, 중. 고등학교 학생들이 많이 보인다.

가는 길마다 일본의 많은 신들을 모신 신당. 신사가 있다. 또한 길마다 유난히 많은 경차들. 일본에는 경차, 중형차, 대형차 별로 자동차 세금의 차이가 많아서 대부분의 서민들은 다들 '경차'를 탄다고 한다. 참 소박한 사람들이다.

빨간 인력거를 타고, 근처의 유명한 대나무 숲을 가는 사람들이 많았다. 우리는 거리에 넘쳐나는 사람들을 따라 긴 거리를 쭉 걸었다. 가는 곳곳에 넘쳐나는 사당의 모습이다.

　점심으로는, 맛난 일본 가정식 두부정식을 먹고, 오후에는 드디어 유명한 '오사카 성'에 갔다. 과연 그 명성만큼, 멀리서도 그 화려한 외형이 눈에 띈다. 드디어 그 유명한 "오사카 성"이 우리를 반겨준다. 적의 침입을 막으려고 2중으로 깊은 호수를 팠다고 한다. 성의 화재로 여러 번 전소되었지만, 다시 그전과 같은 모습으로 재건해 놓았다.

　'오사카 성'은 지리적으로 매우 뛰어난 위치에 있었는데 북측으로는 요도가와 강, 동쪽으로는 히라노 강, 서쪽에는 해안가와 강 등이 있었기에 요새가 되기 위한 조건은 충분했다. 대군이 올 만한 경로는 평지가 많은

남쪽이었으며, 이중으로 만든 해자 때문에 성에 접근하기가 힘들었다. 한마디로 정석대로 공략하자니 남쪽 경로 하나뿐인데, 이 마저도 해자 때문에 큰 희생을 강요하고 포위하지 않으면, 나머지 세 방위에서 지원하기 딱 좋은 지형이다. 그렇다고 포위를 시켜 말려 죽이자니, 서쪽은 수군으로 봉쇄해야 하고, 북쪽과 동쪽에 일부 병력을 할애한 뒤 남쪽으로 총 전력을 투입해야 한다. 그렇게 되면 줄어든 병력으로 공세를 가해야 하는 불리한 상황이 된다. 더욱이 성을 다스리는 세력은 '도요토미' 가문이었다.

히데요시는 천하를 얻은 뒤 모은 재산으로 2년은 버틸 만한 식량과 병기를 모아 놓았다. 가히 당대 최고의 요새이자, 성이라 불릴 만하다. 1598년 '도요토미 히데요시'가 사망하고 '도쿠가와 이에야스'가 정권을 잡은 후에도 오사카 성은 히데요시의 아들 도요토미 히데요리와 도요토미 가에 충성하는 세력의 본거지로 남아 있었다. 그러나 도요토미 가문과 도쿠가와 가문이 격돌한 1615년의 오사카 전투에서 도쿠가와 이에야스가 승리하면서, 오사카 성의 건물들은 도쿠가와 측의 화포 공격 등으로 모두 소실되었고 성의 바깥 해자는 완전히 매립되었다고 한다. 성의 아름다운 모습을 다 구경하고, 특히 오사카 성을 박아 넣은 티셔츠를 몇 벌 샀다. 딸 애들 선물로 줄 것이다. 다음 날 아침, 후쿠오카에서 오사카에 경유하는 크루즈 선의 모습이 보인다. 각지방에서 지방으로 운행하는 크루즈 선이라니… 우리나라에도 이런 크루즈 선박이 운영되면, 좋을 듯하다.

오사카를 떠나 간사이 공항으로 가기 전, 마지막으로 '면세점'에 들렸다. 모두 일제 약과 화장품. 담배와 과자, 각종 차, 초콜릿 등등을 한 보따리씩 산다. 엄마와 나는 마치 동네 마실 가듯이 배낭을 하나씩 메고 왔기에, 간단히 초콜릿 몇 박스와 모찌 떡 박스 몇 개를 사고 말았다.

그래도 집을 떠난 여행이었기에, 제법 피곤했나 보다.
잠자리가 예민한 엄마와 나는 그동안 계속 잠을 설쳤기에, 돌아가는 비행기 안에서, 이제 집으로 돌아간다는 안도감에 깊이 잠이 들었다. 인천 공항에서 '외국인'으로서, 한국땅에 입국하는 길은 멀고도 험난했다!

결국, 이 여행으로, 엄마의 체류기간을 3개월 더 늘리는 데 성공했다.

친구들과 속초에서

 이곳에 오는 내내, 강원도의 산과 길에는 아직도 눈이 쌓여 있었다. 그러나 이곳에 와서 보니, 벌써 봄인 듯 우리 머리 위에는 햇살이 다사로워서, 겨우 내 쌓인 눈이 녹아 거리마다 졸졸 시냇물 흐르는 소리가 들린다. 이곳은 겨울에서 봄으로 넘어오는, 꼭 중간의 계절인가 싶다. 내가 사는 동네에는 벌써 목련과 벚꽃의 꽃망울이 메마른 나무 가지가지마다 곱게 맺혔는데, 특히 이곳은 아직 겨울인 듯싶었다. 특히 바닷가 바로 앞 숙소라서, 근처의 먹거리와 속초의 대부분을 구경하기가 좋다. 마침 '대관람차'는 안전 정기 검사를 한다고 멈추었고, 아직 봄이 멀었는지 겨울 같은 세찬 바람이 몹시 불어서, 날리는 모자를 부여잡고 바닷가에서 한 컷을 찍어 보았다. 그러나 날이 춥고 바람이 불어서인지, 구경 온 관광객들이 적어 거리가 한산해서 좋았다. 역시 바닷가에서의 산책은 좋다. 더구나, 오랜만에 만난 친구들과 '꼬옥' 두 손을 잡고 걷는다. 봄 바다는 찬 겨울 바다와는 다르게 파란 물감에 구름을 한 점 섞고, 거기에 벚꽃 꽃잎 몇 장을 섞은 듯하다. 찬 듯하면서도, 왠지 따스한 감성이 녹아 있다. 내일 아침에는 설악산에서 '일출'을 보러 가려는데, 괜찮을지 모르겠다!

다음 날 아침이 되었다. 그런데 때마침, '한파 경보'가 내린 이곳의 아침이 너무 추워서 우리는 일출을 호텔 방에서 보고, 간단히 호텔에서 아침을 먹은 후, 다시 아침에 바로 호텔 앞의 바닷가로 나갔다. 아직도 쌀쌀한 바닷바람에 양 볼이 어는 듯이 얼얼하다.

이렇게 속초가 좋은 것은 바로 바다와 산이 같이 있다는 것이다. 이번에 저 멀리 보이는 '눈 덮인 설악산'을 찍을 수 있어서 우리는 행운이라며, 다

같이 마주 보며 웃었다. 날이 추워서, 근처 카페에서 따뜻한 커피를 마셨는데, 날씨 탓인지 속초의 커피 맛이 아주 좋았다.

설악산을 친구들과 다같이 차를 타고 휙 둘러보고, 유명한 '한화 워터피아'에 가 보았더니, 수영복이 있어야 된다고 한다. 우리는 그저 온천이 있는 수영장 정도로 알았는데, 큰 오산이었다. 할 수 없이, 잘 알려진 '척산 온천 휴양촌'에 갔다. 이곳은 오래 전 그대로의 모습이다. 젊은 층은 다 '워터피아'에 간 듯하고, 중·장년 층만 찾는 곳이 되었다.

"이곳을 보수하고, 호텔도 좀 더 깨끗이 관리하면, 좋을 듯한데…!"하는 아쉬움이 많았다. 그 대신 이 휴양지에서 직접 지었다는 바로 앞, 대규모의 빌라를 가 보았는데 그 규모며, 그 안의 구조가 외국의 빌라처럼 아주 좋았다. 바로 눈앞에는 눈 쌓인 설악산이 보였다. 친구들과 나중에 늙어, 함께 이곳에 살자며, 마주 보고 웃었다. 요즘 유행이라는 '맨발로 땅 밟기 코스'가 여러 곳에 마련되어 있고, 곳곳에 오래 된 산책로도 마련되어 있다. 역시, 중·장년의 휴식처인가 보다.

다시 속초 해변에서 점심으로 해물 칼국수를 먹고, 멋진 바닷가에서 사진을 찍었다. 바다 배경은 뭐든 작품이 된다. 그 다음에 유명한 속초 중앙시장에 갔다. 역시 시장 구경이 재미있다. 유명하다는 술빵을 줄을 서서 20분 이상 기다린 후에 한 보따리씩을 샀는데 역시, 맛있다. 이곳의 명물이라는 홍게 찐 것도 사고, 아주 푸짐한 모둠회까지 사서, 저녁에 맥주 한 캔씩 하며 근처의 식당보다 저렴하게 잘 먹었다.

오랜만에 마신 맥주 탓인지, 잠을 푹 자고 일어나 아침을 먹고, 갈 준비를 서두른다. 낮에는 이곳을 떠나 각자의 집으로 돌아간다! 여행을 마치고, 피곤한 몸과 마음을 이끌고, 다시 돌아갈 내집이 있다는 것은 참 다행스러운 일이다. 2박 3일의 짧지만, 친구들과의 즐거운 시간이었다.

다시 집에 돌아오니 할 일이 엄청 많다. 여행은 즐겁지만, 사실 여행을 다니는 일은 많이 피곤하고 힘겹기도 하다. 그러나 집에 돌아온 후의, 다소 무료한 일상이 주는 '안정감', 이것이 바로 행복이 아니면 무엇이랴!

자라 섬 나들이

유난히 긴 장마와 태풍 뒤에, 가을이 성큼 우리 곁에 찾아왔다.

연일 뉴스에서는 거리마다 사람이 많을 것이라 하였는데, 가을의 눈부신 날들을 집에서 보내기에는 너무나 아까운 아름다운 가을 날의 연속이었다. 때 마침 친구들이 가평, 자라 섬의 '꽃구경 나들이'를 제안해서 같이 가기로 했다. 모두 나와 같은 마음이었을까? 많은 친구들이 함께 하고 싶어 하였다. 오랜만에 기차를 타고 '가평역'에서 하차하여, 서로 반갑게 인사를 하고, 곧장 '자라 섬'으로 걸어가며 바라본 하늘에는, 엷은 새털 구름이 걸려 있고, 큰 길가에는 하늘하늘 코스모스가 피어 있어서 마치 어린 시절에 '가을 소풍'을 나선 기분이었다. 아직 국화는 환하게 피질 못하였다.

늦게 오는 친구들을 기다리는 동안 옹기종기 모여 앉아 간식을 먹고, 명부를 작성하고 입구로 들어서니 백일홍, 구절초 그리고 해바라기, 맨드라

미, 국화, 코스모스 등등…, 가을을 알리는 갖가지 꽃들로 단장된 '가을 꽃 정원'이 우리를 반겨 주었다.

그 외, 야생화 전시, 국화 분재 전시. 자라 섬 사진 전시 등은 오늘의 보너스라고 할, 빨강, 노랑, 주황 등 갖가지 색상의 화사한 "백일홍 꽃밭", 개량된 품종의 보통 해바라기보다 키가 작은 "해바라기 꽃밭", 하양, 연분홍, 진 분홍 색상의 가을의 상징인 "코스모스 꽃밭", 초록색 소나무 사이에 핀 우유 빛 "구절초 꽃밭" 등등…, 가녀린 몸으로 긴 장마와 바람을 이겨 내고 이렇게 의연한 모습으로 자신의 몫을 다하는 꽃들을 바라보니, 대견함과 함께 일상의 삶에 지친 우리들 마음을 위로하고 격려해 주는 듯하였다. 우리 모두는 삶의 문제들이 있겠지만, 다시 일어설 수 있으리라는 희망을 갖도록, 격려해 주는 듯하였다. 서로에게 '꽃길'만 걷게 해 주겠다는 친구들의 덕담을 들으며, "까르르~!" 웃는 우리 친구들의 웃음은 아직도 여전히 사춘기 소녀들이었다.

그야말로 '꽃길'만 걸으며, 선착장까지 천천히 걸어 들어가 보았다. 넓은 잔디 밭 위에 앉아 있으니, 우리 등에는 가을 햇볕이 비추어 따스하였다. 서로가 서로에게 굳이 아무 말하지 않아도, 그냥 햇빛에 반짝이는 푸른 강가에 앉아, 저 푸른 하늘에 흐르는 하얀 구름만 바라보고 있어도 "아. 정말 가을이 좋구나!" 하는 생각이 들었다. 따스하게 등을 비춰주는 가을 햇살과 솔솔 목덜미를 간지럽히는 맑은 바람, 강물 위에 금강 석을 뿌려 놓은 듯 반짝이는 윤슬…, 마치 유리알처럼 맑은 파란 하늘과 무엇보다 서로 격려하고 토닥여 주는 친구들이 있어 행복한 '가을 나들이였다. 행복은 저 멀리에 있지 않음을 깨닫게 되었던, 어느 가을 날'의 아름다운 추억들이다. 꽃보다 아름다운 것은 '사람', 바로 서로 도타운 정을 나누는 우리들의 '모습'이 아닌가…!

지리산 화엄사의 단풍 길

이맘때면 늘 떠오르는 도종환 님의 〈단풍 드는 날〉이란 시가 있다.

"버려야 할 것이 무엇인지를 아는 순간부터,
나무는 가장 아름답게 불탄다.
제 삶의 이유였던 것, 제 몸의 전부였던 것
아낌없이 버리기로 결심하면서, 나무는 생의 절정에 선다"

올해는 유난히 단풍이 곱다. '봄꽃보다 아름다운 것이 가을 날의 낙엽'이라 했던가? 얼핏 아파트 창으로 들어오는 화단의 단풍도 매번 나를 감탄케 한다. 지난해에도 저렇게 단풍이 아름다웠던가? 내가 나이가 들어 지구와 헤어질 날이 가까우니, 더 아름답고 애틋한 것일까? 한 해, 한 해, 시간이 흐를수록 새삼 주변의 자연이 아름답고 귀하게 여겨진다. 이 아름다운 세상을 하직할 때, 과연 가볍게 손 흔들고 떠나갈 수 있을까?

아…! 나는 점점, 자신이 없어진다.

　이렇게 지나가는 가을이 아쉬워서, 나와 친구들 몇몇은 '지리산 화엄사'로 향하였다. 수확을 끝낸 들판에는 하얀 두루마리 화장지 같은 건초 더미만 동그라니 쌓여 있었다. 이전, 아래 동네에는 친구들과 더불어 몇 번 다녀왔지만, 내가 미국으로 간 후에는 거리상 찾아가기 쉽지 않았던 화엄사의 만추는, 이번에도 나에게 많은 감동을 주었다. 저 다리 건너의 화엄사가 만추를 맞이하여 아름답다. 마침 저 하늘은 마치 푸른 물감이라도 뿌려 놓은 듯이 새파랗고, 흰 구름은 마치 새 털처럼 보송보송하다. 다리 아래의 계곡도 짙은 가을 빛으로 서서히 물들고 있었다.

화엄사의 입구, '금강문'이다. 벌써 그 위용이 남다르게 느껴 진다. 화려한 단청이 없어 더욱 애틋한 정을 일으키는 '보제루' 건물과 화엄사는 돌아볼수록 소박하지만, 기품이 느껴지는 사찰의 모습이다. '각황전' 앞의 '석탑과 석등'의 모습은, 단아한 모습이 한눈에 들어온다. 그 외에도 보물 300호로 지정된 구례 화엄사 '사자 탑'과 국보 제12호로 지정된 '석등'의 모습 등, 모든 부속 건물들은 소박하지만, 기품이 있는 각황전의 모습도 눈여겨 볼 만하다. '대웅전'에서 바라본 '각황전'의 모습은 마치 불타는 듯한 단풍이 아름답다. 이 장소는 길이 7미터나 되고, 정유재란 때 사용한 것으로 전해지며 많은 승병들이 신속하게 밥을 먹기 위해 만들어졌다고 한다. 앙상한 겨울 나목과 붉게 물든 단풍의 계곡을 지나, 마지막 생을 곱게 채색한 나무들에게 감탄을 하며 주차장으로 가는 길이다.

'아……내가 언제 다시 이곳을 찾아올 수 있으려나!'
언제 보아도 아름다운 절경이다. 꽃보다 아름답게 붉어 가는 단풍 나무 아래에서 나는 부질없는 긴 상념에 젖었다. 가을만이 나에게 주는 붉고도 처연한 상념의 단풍 길이다. 이런 처연함이 좋아서, 나는 가을에 자주 산사를 찾는 것이다.

내 두 눈이 부실 만큼, 화엄사 사찰 뒤의 산을 배경으로 새파란 가을 하늘과 구름이 마치 푸른 물감을 하늘에 흩뿌린 듯하였다.

"아! 이토록 아름다운 가을이라니…!"

 나는 내 앞에 펼쳐진, 대자연의 절경 앞에 그만 내 할 말을 잃었다. 내가 이렇게 '살아 있음'이 가슴 시리도록, 행복한 가을 날이었다.

새해 맞이 여행-양양의 낙산사

　새해를 맞이하여 친구들과 1박 2일로 동해안 여행을 다녀왔다.
　우리가 처음 찾아간 곳은 양양의 '낙산사'였다. 양양은 서울~양양 고속도로가 개통되어 이제 2시간 남짓이면 도착하는 곳이 되었다. 비교적 여유 있게 출발하여 내가 그곳에 도착하였을 때는, 어느덧 해가 서쪽으로 기울고 시퍼런 바다 위로 보름에 가까운 달이 두둥실 떠올라 해맞이 대신 '달맞이'를 할 수 있었다. **'낙산사'**는 2005년 양양 산불로 건물이 소실되었다가, 2007년 11월 복원하였다고 한다.

　나는 기독교 신자이지만, 나는 사찰 탐방하는 것을 좋아하여 강원도 여행 때, 몇 번이나 찾았던 '낙산사'였는데, 뉴스에서 낙산사가 화마에 전소되는 모습을 보았을 때는 이루 말할 수 없이 안타까웠던 기억이 어렴풋하게 생각난다. 겨울 날씨 치고는 포근한 날이어서, 얼굴을 스치는 바람도 상쾌하였다.

　'낙산사'를 오르기 전에 항상 먼저 찾아가는 '의상대'와 '홍련암'인데, 이곳은 시원한 조망의 동해 바다를 끼고 있어 **관동 팔경**에 속한다. 의상대는 의상 대사가 낙산사를 지을 당시 머무르면서 참선하였던 곳으로, 1925년에 건립하였으며, 홍련암은 낙산사의 부속 암자로 신라 문무왕 11년(671년) 의상대사가 낙산사와 함께 지은 건물로 관음보살을 모시고 있어 관음굴이라고도 한다. 홍련암은 의상 대사가 7일 밤낮으로 기도하다가 '붉은 연꽃' 속에서 나타난 관세음보살을 보고 그곳에 세운 암자로 앞면 3칸, 옆면 2칸 팔짝 지붕이다. 어느 시인이 동해의 푸른 바다를 보고 '밤낮으로 바위에 부딪혀 시퍼렇게 멍든 바다'라고 표현하였는데, 나는 그저 눈이 시리게 파란, 그래서 '바라만 보아도 눈물이 고이도록 맑은 바다'라고 칭하고 싶었다. 의상대 소나무 사이로 하얗게 떠 있는 둥근 달을 한참 동안 바라보다, '의상대'를 옆구리에 끼고 비탈길을 조심조심 걸어 내려가 바위 벼랑 위에 세워진 분홍빛 연꽃, 이름마저 아름다운 '홍련암'에 들어가, 나도 홍련처럼 맑고 향기롭게 한 해를 살겠다고 다짐하며, 잠시 눈을 감는다. 겨울의 해는 짧아 벌써 땅거미가 내리고 있었다.

부지런히 걸음을 옮겨 낙산사의 '해수관음상'으로 향하였다. 가는 길에 있는 '보타전'을 잠깐 들여다보니 황금 빛으로 도금한 불상이 여러 개 앉아 있었는데, '해수관음상'을 보고 싶은 마음에, 설명 판도 제대로 읽지 못하고 나왔다. 달님이 바로 눈앞에 다가온 비탈길을 오르니, 하얀 옷자락을 바람에 날리며 정병을 양손으로 감싼 '해수관음보살상'이 보였다. 내 먼 기억 속의 '해수관음상'은 바로 바다를 바라보는 위치에 서 있었던 것 같은데? 흠…! 다른 곳의 해수관음상과 무엇인가가 혼동된 듯싶다. 이제 나이가 드니, 내 스스로도 내 기억력을 믿을 수 없다. 한참, 고개를 갸우뚱거리며 잔잔한 미소를 머금은 '관음상'을 바라보면서, 한 바퀴 돌아 '원통보전'으로 간다.

사천왕문을 지나 안으로 들어서니, 한 무리의 템플스테이 하는 팀들이 범종 각 앞에서 지도자의 설명을 듣고 있었다. 그들의 방해가 되지 않게

살그머니 걸어 들어가니, '빈일루'가 있었는데 나무의 형태를 그대로 살린 구부러진 형태의 계단이 눈에 들어왔다. 그곳은 출입 금지여서 아쉬운 눈길을 보내고 '대성문'으로 들어서니 서쪽으로 기운 잔광의 빛을 받은 나지막한 토담이 참으로 아름답게 눈에 들어왔다. 나중에 설명 판을 읽어 보니 낙산사 담장이 강원도 '유형 문화재 34호'로 지정되어 있었다.

그렇다! '아름다움'은 누구 나의 눈에도 다 아름다운가 보다.

나는 혼자 고개를 끄덕였다. 대웅전을 모시고 있는 대부분의 사찰과는 달리, 낙산사는 '원통보전'을 모시고 있었는데, 원통보전은 자비로 모든 중생의 괴로움을 구제하고 극락정토의 길로 인도하는 관세음보살상을 모신 건물로 사찰의 주 불전일 때는 원통 보전, 부속 건물일 때는 원통전 또는 관음전이라고 한다. 삼국 유사에 의하면 671년 의상 대사가 관음굴에서 기도하다가, 관세음보살을 만나 산 정상에 불전을 지으라는 계시를 받고 관세음보살 상을 조성하여 모신 곳에 지은 절이 지금의 '원통보전'이라고 하였다. 원통보전 안에는 보물 1362호 건칠 '관음보살좌상'이 있었다.

　건칠은 흙으로 모형의 대략적인 형태를 만들어 그 위에 종이나 삼베를 입히고 칠을 바르고 말리는 과정을 반복해서 조성하는 불상이라고 하였는데, 전에 권진규 조각 전시회에서 설명을 들었던 것이 기억이 났다. 원통 보전 내부의 건칠 불상에게 들어가 관세음보살상을 평온한 마음으로 바라보다가, 템플 스테이 팀들이 수업 중이라, 밖에서 고개만 숙이고 돌아서니 정다운 토담 안에 다소곳한 모습으로 서있는 보물 499호 '칠층 석탑'이 나를 대신하여 합장하고 서 있는 듯하였다. 한 뼘 더 높이 오른 달빛 아래 검은 동해 바다가 편안히 누워 밤을 준비하는 모습이 보였고, 내 앞에 기념 식수한 지 오래된 벚나무, 배나무가 늘여진 산책로가 나타났다. 강원도 '유형 문화재 33호'로 지정된, 석양으로 불그스레 하게 물든 '홍예문' 아래를 지나서, 편안한 소나무 숲길을 천천히 걸어 내려오니 그동안 살면서 나도 모르게 쌓였던 아픔과 눈물이 어느새, 깊은 위로와 치유를 받아, 내 마음이 저 속까지 평온 하였다. 이런 평온한 느낌 때문에, 나는 한국의 방방 곡곡, 수려한 관광지마다 우리 선조들께서 지혜로 마련하신 사찰을 둘러보는 것이다.

가평, 아침고요 수목원

　오랜만에 가평의 "아침고요 수목원"을 찾았다. 사실, 한번 갔던 곳은 그냥 그러려니…! 하고 다시 찾아가기 어려웠는데, 내가 좋아하는 '수국 축제'를 한다고 하여 친구의 차를 타고 갔다. 이른 아침 시간인데도 많은 방문객들이 입구에 서 있었는데, 전과는 달리 외국 단체 관광객이 많았다. 그만큼 지명도가 널리 알려진 모양이다.

　몇 년 전 처음 이곳을 찾았을 때는 캐나다, 밴쿠버의 '빅토리아 섬'의 정원을 벤치마킹했다는 생각이 들었는데, 몇 년 만에 와 보니 그동안에 많은 변화가 보였다. 가장 인상에 남아 있는 곳은 한국 정원의 아름다움이 표현된 '서화연'이었는데, 이번에는 '아침고요 산책길'이 가장 좋았다. 청보라 수국이 피어 있는 싱그러운 나무 향이 가득한 산책 길이었다. 이미 햇살은 살이 따가울 정도로 따가웠지만, 그늘에 들어서면 서늘하였다. 내가 좋아하는 풍성하고 다양한 색상의 수국은 약간 시들어 아쉬웠지만, 맑은 하늘 아래, 어제 내린 비로 계곡을 세차게 흐르는 물소리를 들으며 달빛 정원, 하경 정원. 오두막 정원, 하늘 길을 걸으면서 행복하였다. 입구에 들어서면 방문객을 먼저 맞이하는 아담한 정원의 모습이다.

조금 더 걸어 가면, '산 수경 온실'이 있다. 온갖 꽃들과 진귀한 식물이 가득한 곳이다. 가는 곳곳마다 활짝 핀 수국이 우리를 향해, 밝게 웃어 주는 듯하다.

온갖 풀꽃이 아름다운 야생화 정원. 일부러 가꾸지 않아도 저토록 아름

다운 야생화라니! 아름다운 산책 길이 곳곳에 마련되어 있다. 유명한 선녀탕으로 가는 길이다. 선녀탕은 위에서 바라만 보고, 빨리 길을 떠난다. 작은 성당으로 유명한 '달빛 정원'에 가는 길이다.

 우리가 잘 아는 '달빛 정원'과 아주 아담한 '성당'의 모습이다. 이곳에서 젊은 연인들은 사진도 찍고, 가난한 신혼 부부들의 결혼 사진도 찍는 곳이다. '아침 고요 산책길'은 새벽에 사색을 하면서 걷기에 좋겠다. 다음은 '한국 정원'의 모습이다. 고즈넉한 한옥 대문이 멋스럽게 보인다. 그 옆으로는 한옥의 멋진 '서화원'의 모습이 보인다. 곳곳마다 맑은 얼굴의 산수국이 가득하고, 정원의 세차게 흐르는 물소리가 한낮의 더위를 날려 버리는 듯하였다.

내가 제일 멋있게 구경한 '하경 정원'의 모습이다. 온갖 야생화와 들풀들이 조화를 이루어 아름다운 정원을 완성시켜 놓았다. 하경 정원의 모습을 여러 방면에서 담아 보았다. 'J의 오두막 정원', 작은 오두막집과 정원이 참 운치가 있다. '누군가가 안에서 커피라도 한잔 내려 준다면…!' 혼자서 상상만으로도 즐거운 일이다. 풍성한 모양의 수국이 시들어 아쉬움이 많았지만, 아직도 곳곳에 남아있는 수국으로 아쉬움을 달랜다. '시가 있는 정원'의 모습과 수국이 탐스럽게 피어 있는 '포레스트 정원'의 모습이다.

푸른 수국이 신비로움을 자아내는 '비밀의 정원'을 지나, 아찔한 구름 다리가 보인다. 마치 하늘을 향해 가는 듯해서, ⟨The bridge to the Heaven⟩이라고 내가 명명해 주었다. 수목 원의 곳곳에는 편히 쉴 만한 곳이 많았다. 아름다운 꽃들이 천지인 이곳에서, 근심 없이 꽃 향기를 맡으며, 나무들이 즐비한 산책 길을 마음껏 걸어가며, 친구들과 즐거운 담소를 나눌 수 있다는 것이 더없이 행복하다.

속초의 청초호와 영랑호

　지난 밤 일출을 방안에서 즐길 수 있다는 펜션에서 푹 잠을 자고 새벽에 일어나 창문을 열어 보니, 동쪽 하늘이 장밋빛으로 이미 불그레하였지만 구름이 가득하여 일출을 보기 어려울 것 같았다. 게으름을 피우다 바닷가 산책이라도 하려 해변에 나섰더니, 어느새 구름은 걷히고 해님이 바다 위 한 뼘 위로 올랐는데, 수면에 반사되어 어찌나 눈부신지 눈을 뜰 수 없을 정도였다.

　속초는 내 친구의 고향이어서, 대학 때 친구와 함께 자주 방문하였었다. 내 친구의 오빠가 세 들어 살았던 그 집에는 나무판자로 된 담장이 있었는데, 그 담장 안 텃밭에는 보랏빛 국화가 시들어 하얗게 서리를 맞고 있었고, 밤이면 캄캄한 하늘에 별들이 초롱초롱하였던 기억이 선명하다. 나는 지금도 철이 들 덜었지만, 그때는 더욱 철부지여서 이제 갓 돌을 지난 조카를 키우는 친구 언니의 일손을 들어 줄 생각은 못하고, 친구와 함께 설악산으로, 강릉으로, 놀러 다녔던 기억만 남아 있다. 속초의 해변에는 전에 없었던 '구조물'도 여러 개 세워져 있었고 국내에서 잘 볼 수 없었던 커다란 '대관람차'가 서 있었다. 아직 이른 시간이라 운행은 하지 않았지만 다음 기회가 되면 높은 곳에서 바다를 내려다보고 싶었다.

짐을 꾸려 근처에 있는 '청초 호'로 달려 갔다. 청초 호는 호수의 넓이가 약 1.3평방킬로. 둘레는 5킬로미터로, 전체는 목이 잘록한 항아리 모양을 이루며 미시령 부근에서 발원한, '청초 천'이 속초시를 가로질러 흘러 든다. 지난 여름, 친구들과 새벽 일찍 산책을 하였던 곳으로, 높은 전망대를 지나 호수로 걸어가니 '평화의 소녀 상'이 있었다. 하얀 모자와 검은 외투를 입고 있는 소녀상 무릎에는 누군가가 놓고 간 손난로가 있었는데, 그 소녀의 맨발이 몹시 추울 것 같다는 생각이 들었다.

이어서 지난 여름에는 가 보지 못하였던 '영랑 호'를 찾아 갔다. 영랑 호는 해안 사구가 발달해 형성된 자연 석호로 면적 약 1.2평방킬로. 둘레 7.8킬로, 수심 8미터로 영랑 교 밑의 수로를 통해 동해와 연결된다. 석호는 지형학 상 사취나 사주의 발달로 만의 입구가 좁혀짐으로써 형성되는 해안 지형으로서, 바닷물로 이루어진 석호가 보편적으로 발달되어 있다. 사주가 발달하여 만들어진 뒤에는 계속되는 퇴적물에 의해 결국 매립된다. 삼국 유사에 따르면 영랑 호는 신라의 화랑인 '영랑'의 이름에서 따온 곳으로, 금강산에서 수련을 마친 영랑이 무술 대회장을 가던 중 이 호수를 지나가다, 그만 수려한 경관에 반해 무술 대회 출전도 잊고 이곳에 오래 머물렀다고 한다.

수면 가까이 살얼음이 끼어 있어 호수로 내려서기가 두려웠다. 아침 햇살에 반짝이는 윤슬을 바라보다 눈을 드니, 저만치 '설악산 울산 바위'가 우람한 자태로 서 있었다. 역사가 깊은 영랑 호인데 시내에서 떨어진 지역이어서 인지 통천군, 순국 동지, 충혼 비 외에는 다른 구조물이 없었고, 인근 마을 사람들의 산책 장소로 이용되는 듯하였다. 주변에 벚나무가 많아 봄이면, 지금보다 더 아름다울 것 같았다.

대나무가 '스스슥' 바람에 흔들리는 소리를 들으며 돌아서니, 오리 한 쌍이 아침 산책을 나왔나 보다. 내 양 볼에 스치는 바람이 몹시 찼다. 이제 나는 내 짐을 꾸리고, 다시 내 일상으로 돌아가야 한다. 푸른 바다를 내 눈에 가득히 담고 돌아오는 길, 내 일상이 갑자기 그리워진다. 그것이 여행의 묘미이리라!

서울, 인사동 거리에서

 오늘은 모처럼 날이 화창하다. 바람은 꽃샘 추위로 다소 쌀쌀했지만, 나는 파릇파릇한 색으로 봄 옷을 입고 친구들과 만남을 위해 인사동으로 향했다. 봄이 오는 듯한 쌈지 거리에서 한 컷 찍어 보았다.

 그 후, 좀 추운 듯하여 '청춘의 수제비' 집에서 따끈따끈한 수제비 한 그릇으로 몸을 녹인다. 인사동의 음식점들은 다 카페 같고, 한국 전통의 멋

이 있다. 거리의 곳곳에는 방문한 외국인들을 위한 '선물 센터'가 있는데, 나도 미국의 딸들 것하고, 친정 엄마 드릴 선물을 좀 샀다.

인사동은 카페와 갤러리들이 즐비한 문화의 거리이다! 볼 것도 많고, 먹을 것도 넘쳐 난다. 외국인들의 한국에 대한 사랑과 관심이 넘쳐 나는 것을 볼 수가 있다. 오늘이 마침 일요일이라, 외국인들과 구경 나온 사람들이 제법 붐빈다.

인사동의 명물로 시인 '천상병' 씨의 미망인, '목순옥' 여사가 운영하던,

방문한 사람들의 오랜 흔적이 담긴 '귀천' 카페에서 따뜻한 단팥죽 한 그릇을 놓고, 좀 늦게 온다는 지인을 기다리고 있다. 지금은 그녀의 조카 분이 운영하고 있다는데, 좀 경제적으로 여유가 있다면, 카페의 안과 밖을 제대로 관리했으면 좋겠다는 바램이 들었다. 너무 오래되고, 뒤쳐진 그곳을 보자니, 천재 시인의 우울한 과거가 오버 랩 되면서, 나도 같이 우울해지는 것이다. 그의 유명한 시 〈귀천〉을 일부 올려드린다.

새벽빛 와 닿으면 스러지는
이슬 더불어 손에 손을 잡고
나 하늘로 돌아가리라
노을 빛 함께 단둘이서
기슭에서 놀다가 구름 손짓하며는
나 하늘로 돌아가리라

아름다운 이 세상 소풍 끝내는 날
가서, 아름다웠더라고 말하리라

포토 에세이

옛 영락 교회 이야기

 오늘은 일요일이다! 그런데, 아침 일찍 교회에 가려다 늦잠을 자서 그만 '주일 예배'를 놓치고 말았다. 오늘은 친구들과 영화《파묘》를 보기로 하여 서울 시내로 나왔다. 일요일에 귀신이 나오는 영화를 본다는 것이 좀 찜찜하던 차에, 마침 영락 교회 앞을 지나는 좌석버스에서 내려, 이전 어릴 적의 추억을 되살려 보았다.

 내가 좌석 버스를 내린 곳이 바로 남대문 세무서 앞, 바로 아래에는 내가 어릴 적 부모님과 함께 다니던 '영락 교회'가 있다. 좀 자란 후에는 이곳 매 주일 오지 못하고, 대신 동네의 교회를 나가다가, 큰 집회나 친구의 결혼식 등으로 몇 년에 한번씩 오게 되었다. 이 교회는 1945년에 설립된, 가장 오래된 실향민들의 교회로, 본 교회 건물에 증축에 증축을 더하여 지금은 3개의 큰 교회 건물이 있다. 한국 교회의 살아 있는 생생한 역사를 바라볼 수 있는 곳이다.

　이곳이 바로 가장 오래된 본관 건물인데, 현재는 교육관과 유치원 건물로 사용하는 듯했다. 불현듯, 이곳에서 뛰놀던 어릴 적 생각이 난다. 안에 들어가 건물 한 귀퉁이 예배실에서 간단히 기도를 드리고 나왔다. 이 길을 따라 쭉 15분 정도 걸어서 친구들과 오늘 볼 영화관이 있는 퇴계로의 '충무로 역'에 도착했다! 오늘은 꽃샘 추위가 있는지, 날이 제법 쌀쌀했는데, 확실히 서울이 내가 있는 용인보다 훨씬 춥다. 3월이라고 얇은 패딩을 벗고, 바바리코트를 걸치고 나와서 하루 종일 덜덜 떨었다!

　아무튼, 즐거운 서울 나들이였다. 영화와 근처에서 가성비 뛰어난 점심 식사와 멋진 카페에서의 따뜻한 커피와 함께하는 친구들과의 정담은 늘 그렇듯, 즐겁고 행복한 시간이었다.

눈 내리는 날, 덕수궁에서

　유난히 춥고 길게 여겨지는 올겨울, 새벽부터 내리던 눈이 아침까지 그치지 않았다. 창으로 흩날리는 눈송이를 바라보다 주섬주섬 사진기를 챙기니, 내 옆에 있던 친구가 "너, 혼자 갈 거야?" 하고 물었다. "응. 혼자 눈 풍경도 즐길 겸. 전시회도 보러 덕수궁에 가려고". "그럼 나도 같이 가도 돼?". "그럼 되고 말고…."

　이렇게 생각지도 않았던 눈 오는 날, 친구와의 데이트가 이루어 졌다. 서울의 한복판에 있는 덕수궁이지만, 대한문만 들어서면, 금방 시간을 거슬러, '조선 말 시대'로 들어서는 기분이다. 담장 밖의 자동차 소음도 뚝, 끊어진다. 이렇게 눈 내리는 날은 모든 것들이 하얗게 변하는 시각적인 변화뿐만 아니라 모든 소음도 묻혀 버리는 청각적인 변화까지 일어나는 '마법의 날'이 되는 것 같다. 하얀 마법의 성에서 눈 내리는 한 나절은 오랜만에 친구와의 즐거운 시간이었다.

멋진 소나무와 어우러진 '석어당'이다. 이곳이 덕수궁에서 내가 제일 좋아하는 건물이다.

마치, 한 폭의 아름다운 '수묵화' 같지 않은가? 이렇게 아름다운 건축물이 서울 시내 곳곳에 있다는 것은 큰 기쁨이다.

가을 빛 물든 경복궁에서

　가을 산행을 즐기려 친구들과 함께 '인왕산'에 올랐다. 인왕산 오르는 능선에서 바라본 '경복궁'은 단풍으로 울긋불긋 하였다. 나는 여기서 하산하면서, 꼭 경복궁의 단풍을 즐기고 싶다고 하였더니, 친구들은 혼자서 '경복궁'으로 가려는 나를 의아하게 바라보았다. "혼자서 무슨 재미로 가느냐"고 하였지만, 나는 오히려 혼자서 내가 보고 싶은 곳, 가고 싶은 곳으로 갈 수 있으니 얼마나 편한 가? 입장료 3000원으로 마치 내가 그 정원의 주인이라도 된 듯, 그 잘 꾸며진 궁궐의 정원을 즐길 수 있는 '행복'을 어떻게 설명할까?

　'근정전' 뒤의 검은 구름이 내일의 비를 예고하는 듯하였다. 오늘은 궁전 안의 정원을 즐기기 위해 왔으므로, 근정전 왼편의 문으로 곧장 걸어갔다. 근정전 왼편의 문으로 들어서니 곧 내가 좋아하는 '경회루'가 나타났다. 기대보다 조금 단풍을 즐기기는 이른 듯하여 아쉬운 마음이 살짝 들었다. 인터넷 예약으로 경회루 누각 위로는 체험을 하고 싶은데, 예약하는 방법이 서툴러 아직 실천을 못하였다. 다정한 사람들끼리 길을 걷는 모습은 아름다웠다.

하늘의 구름이 연못에 투영된 모습이 그림처럼 아름다웠다. 언젠가 읽었던 '신경숙' 씨의 소설 속에 주인공이 비가 잔잔히 내리는 날, 저 경회루의 누각에 몰래 숨어 들어가 낮잠을 자고 깨어났던 대목이 퍽 인상적이어서, 나도 꼭 한번 해 보고 싶었다. 연못 안 작은 섬의 소나무. 물 위에 비친 그 모습이 마치 그림처럼 아름답다. 경회루의 커다란 누각도 아름답지만

저 작은 정자는 나에게 많은 상상을 하게 한다. 저 정자 안에서 그 옛날에도 밀애를 나누었을까? 풍류를 즐겼을까? 고요히 수면을 내려다보는 나무에게 눈길을 주고, 고개를 돌리니 시선을 잡아당기는 붉게 타는 저 나무는 무슨 나무일까?

푸르던 잔디밭은 낙엽으로 융단을 깔아 놓은 듯하고, 담장 너머의 단풍도 저리 곱구나. 단풍나무 앞의 붉은 열매를 가득 달고 있는 나무 가까이가 보았다. 달려 있는 팻말을 보니 '산사나무'였다. 붉은 열매를 가득 달고 있는 산사 나무를 뒤로 하고, 아직도 공사 중인 향 원정 뒤를 지나, 여인들의 거처인 자경전 쪽을 향하였다. 나무 사이로 보이는 '민속 박물관'도 내가 좋아하는 곳인데, 오늘은 생략하기로 하고 다시 길을 걷는다.

경복궁 안에서 가을이면 내가 즐겨 찾는 '은행나무'이다. 그 오래된 나무 아래에 서면, 평안함이 느껴진다. 아…! 역시 이곳에 찾아오길 잘했다는 생각이 들었다. 커다란 고목 나무에 달린 수많은 금빛 잎사귀가 바람에 파르르 떨리는 모습은 찬란하였다. 금방, 내 마음도 황금빛으로 황홀하게 물드는 것 같았다. 나도 이제는 무거워진 내 몸을 하나씩, 하나씩 아래로 내려놓으면서, 저 나무들처럼 황홀한 빛깔로 물들고 싶었다. 내가 경복궁에서 가장 좋아하는 '자경전' 꽃담이다. 아미 산 굴뚝-봉황, 귀면, 당초문 등의 육각 화문 장식의 꽃 굴뚝이다.

저 아미산 어여쁜 굴뚝을 뒤로 하고, 저 궁궐을 나오다가 아쉬움에 뒤로 돌아보면서, 아무 말없는 그 건물에게 마치 친구인 듯, 나는 손을 살짝 흔들어 주었다. 저 멀리에서는, 어느새 고운 노을이 말없이 지고 있었다.

소설

중편 소설: 그때 우리는

미시령 고개를 넘어가는 길……
드디어 굵은 빗줄기가 후두둑 떨어진다.
차라리 눈 대신 비가 와서 다행이다.
산비탈에는 소나무와 은사시나무가 마치
그려 놓은 그림들처럼 위태롭게 서 있다.

은사시나무는 저 홀로 하얗게 빛나고,
하늘 향해 곧게 뻗은 소나무는 바람에
휘청거리고 있다. 겨울에서 봄으로 가는
긴 길목에 쌓인 눈이 녹아 졸졸 흐르고,
저 햇살은 마치 봄인 듯 다사롭다.

1. 미시령 고갯길에서

　정혜는 지금 고속버스에서 차창 밖을 내다보며 멍하니 앉아 있다. 날씨는 벌써 봄인 듯, 아직도 하얗게 남아있는 잔설 아래로 눈이 녹아 "졸졸" 노래를 하며, 물이 흐르는 소리가 들린다. 그녀가 가장 좋아하는 길, 바로 '미시령 고갯길'이다. 그래서 그녀는 일부러 여러가지 번거로움을 감수하고, 고속버스에 몸을 실었는 지도 모른다. 특히 그녀가 사랑하는 것은 겨울과 봄철에 마주하게 되는 은사시나무의 모습이다. 이파리가 하나도 없이, 쭉 곧게 뻗어 있는 다소 쓸쓸한 모습일지라도, 사시나무 떨듯이 서 있는 은사시나무, 나뭇가지가 은빛으로 빛이 난다 해서 붙여진 이름-은사시나무! 정혜는 그 나무에게서 한없는 애처로움과 자신의 처지와 닮아 있는 동병상련의 마음을 느끼게 되는 것이다.

　어제, 이른 아침. 중학교 동창 '은희'에게서 전화를 받았다. "이번에는 너도 꼭 한번 내려오라고 하는데?" 착한 은희의 자신 없는 목소리 저편에는, 누군가의 부탁을 아니, 강요를 받고 할 수 없이 전화하는 여린 그녀의 마음이 보여서, 할 수 없이 "그러마!"라고 대답을 하고 말았다. '흠! 그게 무슨 큰일이라고?' 속으로 대범한 척 생각했지만, 그 모임이 껄끄러운 것은 수 없이 많은 이유가 있다. 이상하게도 중학교 동창들 간에 얽히고 설킨 삶의 이야기들…, 우리네 인간사가 다 그렇게 복잡하던가? "왜…? 왜 하필이면……?" 정혜는 옆에 있는 누군가에게 큰소리로 물어보고 싶어 질 정도였다.

정혜는 자신이 전 남편과 이혼하자마자, 기다렸다는 듯이 일방적으로 쫓아다니다가, 결국 서둘러 재혼까지 한 그녀의 다른 동창, '미애'가 가장 만나기 싫은 동창 1호이다. 그리고 일방적인 자신의 감정이 사랑이라고 끊임없이 스토킹을 하며, 정혜를 밀어붙이는 '인철'이 바로 만나기 싫은 동창 2호이다. 인철이 일부러 퍼뜨린 전혀 얼토당치도 않은 염문이 퍼져, 결국 자신을 이혼까지 이르게 한 장본인이 아닌가? 사실, 그전부터 정혜와 전 남편-명수와는 사이가 그다지 좋지 않았다. 그래서 그 정도의 염문을 이겨 내지 못하고, 서로에게 마음을 닫아 버린 것이다. 그때 마침 나타난 중학교 동창-이혼녀, '미애'가 마음 약한 '명수'에게 자신의 감정을 밀어붙이는 바람에 결국, 그는 미애에게 넘어가고 말았다. 이 무슨 '막장 드라마'인가? 정혜는 자신이 가르치는 학생들에게 부끄러워, 얼른 명수와의 결혼에 이혼 도장을 찍고 말았다. '한국 문학사 교수', 이것이 정혜의 현재 이름표이다. 대학 졸업 후, 10년간을 공부하고, 수없이 글을 쓰고, 지도 교수에게 갖은 노력을 한 끝에 겨우 하나 따낸, 그녀 삶의 소소하지만, '귀한 메달'이다.

정혜와 명수는 오랜 캠퍼스 커플이다. 그 대학의 '국어국문학과'에 수석으로 들어 와서 처음부터 유명했던, '정혜'와 그 과에 들어온 '명수'는 대학생 때부터, 거의 10년간을 만나다가 겨우 결혼을 했는데, 이제 10년 만에 '이혼'이라니! 아직도 기억이 생생하다. 그녀가 단발머리 나불거리며 노란 스웨터 차림으로 학교 교정에 들어섰을 때, 정수는 그녀가 마치 한 마리의 '노란 종달새' 같았다고 생각했다. 그때부터, 명수는 그녀에게 호감을 가지고 지속적으로 데이트 신청을 했는데, 결국 몇 달 만에 그녀의 허락을 받아 사귀게 되었다! 집안이 좋아서, 누가 보아도 부잣집 도련님 같은 명수는 다른 여학생들에게 인기가 많았는데, 가난한 집 장녀였던 정혜에게 그는 일편단심으로 사랑을 고백했던 것이다. 늘 하얀 블라우스에 검은색 치마를 입고 양손 가득, 무거운 책들을 가득 들고 다니던 그녀였다.

그녀는 빨리 '국문과'를 졸업하여 교사가 되든지, 신춘문예라도 당선되어 인세를 받는 작가가 되는 것이 인생의 최대 목표였다. 다른 것은 생각할 여지도 없이 그녀는 늘 학교 수업과 학과의 시험에 최선을 다해야 했다. 그래야만 장학금이며, 기타 학점에서 수석을 하여 교수님들께 잘 보여야 하는 것이다. 대충 간판이나 따려고 대학교에 들어온 다른 학생들과 다른 정혜에게서, 아마도 명수는 삶의 반짝이는 무엇인가를 느꼈던 것 같다. 자신의 처지가 그래서 인지, 정혜의 글은 다른 사람들의 마음을 움직이는 힘이 있었다. 모든 동창생들은 그녀가 곧 '신춘문예'에 당선되어 유명한 작가가 되리란 것을 추호도 의심하지 않았다. 그의 남자친구, 명수도 역시 그러했다. 그녀의 재능을 누구보다도 사랑하고, 때로는 질투도 하던 그였다.

2. 길고 긴 인연의 길

정혜는 다른 농사짓는 가난한 집의 딸들과는 달랐다. 그녀는 강원도 오지의 '화전민'의 딸로 태어나, 아래로 두 동생을 책임 져야 하는 장녀였다. 얼마나 오지였느냐 하면, 집 앞의 긴 강을 작은 나룻배로 오가야 하는 극도의 어려운 환경에서 자란 그녀다. 눈이라도 많이 오거나, 비가 세차게 내리는 날이면, 그녀와 두 동생들은 강가의 나룻배를 띄우지 못해 집으로 돌아오지 못하고, 학교 내의 '당직실'에서 머무르며 학교에 다녔다. 그것도 그녀의 처지를 아신 그 학교의 교장 선생님께서 배려해 주신 특별한 경우였다. 그 학교는 강원도 도심의 국민학교부터, 중학교까지 있는 학교였는데, 각지의 학생들이 다 모여 있는 아주 특별한 학교였다. 더구나 한겨울, 매서운 추위에 강이라도 꽁꽁 언 날이면, 그녀와 두 동생들은 학교에 가지 못하는 날도 많았다. 그러나 워낙 글 재주가 뛰어나서, 그녀는 어릴 적부터 공부며, 글 짓기며, 그림 등에 특별한 재주가 있었다. 그녀의 입장에서 대학교는 꿈도 꾸지 못할 사정이었지만, 그녀의 처지를 잘 아시는 교장 선생님의 추천으로, 지역의 특별 전형으로 입학한 '고등학교' 때부터, 전액 장학금으로 공부했고, '대학교'도 특별 전형으로 들어오게 된 것이다. 정혜는 평생 그분의 은혜를 잊을 수가 없다. 육신의 부모님보다 더 살갑고, 따스한 분이시다. 늘 명절 때마다 직접 찾아뵙든지, 정성을 듬뿍 들인 선물이라도 보내야 마음이 가벼웠다. 이제 그녀를 아끼시던 교장 선생님의 연세가 많으셔서, 요즈음은 그분의 건강이 늘 걱정이다.

 이런 교장 선생님의 주례로 가난한 정혜와 부잣집 도련님, 명수와의 결혼은 애초부터 격이 맞지 않았다. 남자친구 부모님의 모진 반대는 물론이었고, 정혜의 친구들조차 달가워하지 않았던 결혼이었다. 그 후에도 정혜는 며느리로 인정받지 못해서, 명절 때마다 자신은 쓸쓸히 혼자 고향을 찾아야 했다. 그녀가 천신만고 끝에 겨우 '대학교수'로 임용이 되어, 그나마 교장 선생님과 부모님께 겨우 면목이 섰다. 부모님께서는 이런 정혜가 안타까우셔서, 늘 눈도 못 마주치시는 것이다. 그래서일까? 그들의 사이에는 아이가 잘 생기지 않았다. 자연 임신이 되지 않아, '시험관 임신'까지도 생각해 보았으나, 몸이 약한 정혜에게 그것은 무리였다. 더구나 학교 일까지 지장을 주면서, 임신을 하고 싶지는 않았다. 아이가 없다 보니, 자연 둘 사이는 소원해지고, 그럴수록 정혜는 더욱더 학교 일에, 학생들 지도에 힘을 썼다. 명수 씨도 이 모든 상황에 서서히 지치는 듯 보였다. 그러다가 중학교 동창-인철이가 술김에 나에게 엉뚱한 짓을 한 것이 그만 명수씨의 귀에 들어가고, 그에게 필요한 해명조차 하지 않은 정혜는 그만, 동창생과 바람 난 몹쓸 년이 되어, 동창들 사이에 이상한 소문 거리로 전락하고 말았다.

그 어려운 환경에서도 공부를 잘하던 '정혜'가 드디어 꿈을 이루어 누구나 알만한 큰 대학의 교수가 되자, 그녀는 어느새 동창들에게 적이 되고, 그녀에게 호의를 가진 것은 오직 그녀의 단짝 친구, 착한 '은희'뿐 이었다. 중학교 때부터, 그녀의 옆자리에 앉아서 늘, 그녀를 우상처럼 바라보던 은희였다. 지금은 남대문시장에서 착실하게 장사하는 남편을 만나 제법 튼실한 살림살이를 지니고, 남매를 건사하며 알뜰하게 살아가는 그녀다. 이런 살뜰하고 정이 많은 은희가 곁에 있어서, 그나마 얼마나 다행이던지…! 정혜와 명수-그들은 한때, 자신들 사이의 불 같았던 이 감정을 '사랑'이라고 믿었었지만, 그것은 한낱 어릴 적 감정의 유희에 불과한 것이었다. 중학교 동창인 '미애'는 부잣집 딸로, 얼굴도 예쁘장했지만, 중학교 시절부터 일진 애들과 어울리며 공부는 전혀 하지 않던 아이였다. 고등 학교 때부터, 집에 입주 가정교사를 몇 명이나 두고서, 그들의 노력과 돈의 힘으로 겨우 어느 변두리 대학을 다니다가, 그전 가정교사와 불 같은 연애를 하더니, 결국 아이를 임신하여 결혼을 한 모양이었다. 그러나 1년도 못 되어 그들은 헤어졌다는 소문만 들었다.

그러다가 동창회에 정혜를 데리러 온, '명수'를 보고는 한눈에 반했다고 주위에 말하고 다녔단다. 결국, 이런저런 이유로 이혼을 하게 된 정혜와 명수 사이에 미애가 끼어들어, 둘 사이는 걷잡을 수 없는 오해 속에 그만 끝이 나고 말았다. 이런 저런 소문과 자신을 외롭게 만든 명수를 정혜도 더 이상 구차하게 붙잡고 싶지 않았으리라!

동창, '미애'와의 급한 재혼 후, 그녀의 아이와 세 식구는 그럭저럭 잘 산다고들 하였다. 정혜는 그럴수록 더욱더, 자신의 일에 매진할 뿐이었다. 자신을 인정하지 않던 모진 시부모님, 작은 오해의 틈새에서 자신을 믿지 못하던 남편. 어떻게 그녀가 이 결혼 생활을 지속할 수가 있을까? 거의 몇 달이 지난 후, 자신의 이혼 사실을 알렸을 때, 강원도 오지에서 아직도 밭일을 하시는 거친 얼굴의 어머니와, 추운 강가에서 낚시질로 힘겹게 물고기를 잡으시던 아버지께서는 아무 말씀이 없으셨다. 나를 아껴 주시던 교장 선생님께도 편지로만 그 소식을 알리고 아직, 그분들의 얼굴조차 뵙지 못한 정혜였다.

'이렇게 세월의 긴 강물이 흘러서 나도 빨리 늙고, 이 모든 쓰라린 감정들도 같이 늙어 버리기를…!' 이제 40 중반의 나이에 혼자된 그녀는 자신도 '알지 못하는 신'에게 빌고 또 빌었다.

3. 다시 봄

이토록 콧방울이 간지러운 계절이라니……
죽은 듯 보이던 고목에 새파란 움이 터 오르고
그 안에는 갖가지의 예쁜 봄 꽃이 숨죽이고 있다가
어느 날, 봄바람이 못 견디게 가지를 간지럽히면,
재채기하듯이 자신의 꽃망울을 툭, 터뜨린다!

결코 끝날 것 같지 않던 겨울이 지나고, 봄이 왔나 보다. 그녀의 강의실 바깥에 분홍 매화 꽃이 삐죽이 고개를 내밀고 봄바람에 꽃 향기가 실려온다. 올해 봄에 정혜는 오랜만에 자신이 아직도 이렇게 숨 쉬며, 살아 있음을 느껴본다. 새삼스레 살아 있음이 누군가에게 감사하다! 내가 살아서 이렇게 봄의 햇살을 느끼고, 봄의 꽃 향기도 느껴 보고, 새삼스레 누군가의 부재도 느껴 보는 것이 아닌가! 그동안 정신없이 살면서, 그녀는 외로움을 느낄 겨를이 없었다. 중학교, 고교 동창들과도 일체 연락을 끊고, 오직 부모님과 학교의 선생님들께만 간간이 안부 인사를 드릴 뿐이었다. 그런 그녀에게도 '봄바람'이 부는 것인가? 오랜만에 동창회에 나오라는 은희의 연락을 받고, 4월 가장 아름다운 계절에 '분당 율동 공원'의 한 음식점에서 '동창회'를 한다고 하였다. 마침 그녀가 꺼려하는 2명의 동창이 오늘은 오지 않는다고 해서, 다행이라 생각하였다! 사실, 그곳은 정혜가 제일 좋아하는 장소여서, 오랜만에 '벚꽃 구경'이나 실컷 하려고 간다고 하였다.

그때는 마침 어스름한 봄의 저녁 나절이었다! 학교 수업을 마치고 나니, 벌써 5시다. 그녀는 서둘러 차를 몰아 율동 공원 주차장 앞의 '들꽃 한정식' 집에 갔다. 평소 음식이 깔끔해서, 친구들과도 자주 오는 곳이었다. 봄이어서, 정혜는 평소의 칙칙한 옷을 벗고, 오랜만에 연분홍 꽃 스카프와 베이지 색 정장을 입었다. 오랜만에 보는 얼굴들. 특히 은희가 멀리서부터 반색을 하며 나를 맞아 준다.

"정혜야. 여기야. 여기! 호호호! 오랜만이다. 잘 지냈지?" 은희의 격한 반가운 인사를 정혜 또한 웃으며, 손을 흔들어 주었다. 은희의 옆자리로 가는 중간에, 누가 내 손을 가볍게 터치한다.

"정혜지? 오랜만이다! 하하하!"

놀라서 돌아본 그곳에는 동창생 중 가장 점잖고, 이젠 제법 멋있게 나이 든 '경민'이 웃고 있었다. 외교관으로 세계 각국을 돌아다니다가, 드디어 오랜 외국 생활을 접고, 한국에 2달 전에 귀국하여 이제 정부 산하, 외교부에 근무한다고 하였다. 경민이는 중학교 시절부터, 글도 잘 쓰고, 남다른 감수성으로 정혜와는 각별한 사이였지만, 부모님의 권유로 국문과 지망을 접고, 국제통상학과에 입학. 오랫동안을 '외교관'으로 나가 있다고 했었다. 벌써 그의 머리에도 희끗희끗한 서리가 내리고 있었다. 오랜 외국 생활의 영향일까? 세련된 매너와 옷차림, 은은한 향수 냄새. 그 또래 남자친구들의 구질구질한 옷차림과 냄새가 아니어서 좋았다.

정혜는 은희의 옆자리. 그러다 보니, 경민의 맞은편 자리에 앉게 되었다. 은희와 계속해서, 그동안 밀린 서로의 안부를 주고받으며, 음식을 먹는데 앞자리의 경민이 에게도 신경이 살짝 쓰인다. 경민도 가끔씩 정혜를 바라보는 것이 느껴진다. 모두들 맛있게 저녁을 먹고, 다같이 율동 공원 호숫가를 산책하자고 한다. 정혜도 저녁 식사 후, 걷는 이 산책 길이 좋다. 특히 이렇게 벚꽃이 아름다운 밤에는, 가로등 불빛과 더불어 환상적인 밤이 된다. 봄밤! 이 황홀한 봄밤에 마음 맞는 누군가와 함께 걷는다면, 얼마나 좋을까?

"정혜야. 우리 같이 걷자." 은희의 살가운 목소리. 그 옆으로 저음의 목소리가 같이 얹혀진다. "은희 씨! 나도 같이 걸어도 될까요?" 경민의 목소리다.

"호호, 우리 같이 걸어요. 봄밤의 산책, 그것도 오늘 밤엔 아름다운 꽃비가 내릴 것 같은데요?" 밝은 목소리로 성혜가 말한다.

이런 설렘…, 그리고 봄밤의 향기로운 산책길…, 과연 얼마 만인지 모르겠다! 정혜와 은희, 그리고 그 옆에 경민이 서서 같이 걷는다. 그러다가 경민이 정혜의 옆에 가까이 서자, 은희가 웃으며 자신은 천천히 따라 갈 테니, 둘이서 먼저 걸으라고 말한다. 오랜만에 만난 옛 친구! 더구나 그전에도 서로 통하는 게 많았던 친구였기에 더더욱 그와의 만남은 반가웠다.

"정혜야. 잘 지냈지? 네 소식은 동창들 통해서 간간이 들었지!"

그의 목소리가 가로등 불빛에 흔들리는 듯도 하다.

"그럼! 나는 잘 지내고 있어. 내가 어릴 적부터 한결같이 원하던 일이었잖아. 이 일을 하는 것만으로도, 나는 충분히 행복하지. 호호호!" 정혜의 목소리가 왠지 높아진다. 새삼스럽게 자신에게 맞지 않는 '행복'이라는 단어를 힘주어 말한 탓일까?

"그래. 늘 열심히 살았던 네가 드디어 유명한 대학에서 교수의 자리에 오르고, 네가 학생들에게 최선을 다하리라는 것은 가히 짐작이 간다. 하하하" 경민도 기분이 좋은 듯이 밝게 말해 준다.

"너는? 너는 어떻게 지냈니? 늘 외교관으로, 외국을 떠돈다는 얘기만 전해 들었어."

"응…… 나도 뭐, 그럭저럭? 하하하! 일에 파묻혀서 산 세월이었지. 시간이 이렇게 빨리 흐르다니!"

정혜와 경민은 단 몇 시간 만에, 둘 사이에 흘러간 긴 세월의 흐름을 따라잡은 듯하다. 이전에 '문학 토론'이나, '교내 문학지 출간' 등의 일로 가끔 늦은 밤까지 학교에 남아 일을 같이 한 적이 있었다. 늘 점잖고 다정하지만, 배려하는 마음이 커서 자신의 감정을 거의 내놓지 않던 친구였다. 그때도 그랬었지만, 지금도 그는 여전히 자신의 일을 그다지 밝히지 않는다. 그러나 그와의 산책 길에서 긴 대화를 통해, 그도 딸 아이를 하나 데리고 사는 싱글임을 알게 되었다. 그의 딸은 지금 '프랑스'에서 공부한다고 하였다. 평생 외국에서 살면서, 멀리 있는 고국에 대한 그리움을 안고 살던 경민도 이제 자신의 일을 찾고 있었고, 무엇보다도 이제는 글을 쓰며 살고 싶다고 자신의 꿈을 말했다. 정혜의 전공은 '국내 문학비평'이다. 시나 소설, 수필 등으로 등단하기에는 자신의 문학적 소양이 부족하다고 느끼고 있을 즈음, 지도 교수님의 추천으로 국내 문학의 비평을 쓰게 되었는데, 그것이 좋은 반응을 얻어 새로운 시나, 소설에는 그녀의 비평을 원하는 작가들이 많았다. 무엇보다도 정혜의 시선에는 작가에 대한 따뜻한 감성과 합리적인 비평이 함께 묻어 있어서, 날카로운 비평가들 사이에서 그녀는 '비평계의 천사'로 통한다.

"응, 그럼 그렇게 해 봐. 내가 도움이 될 일이 많을 것 같은데? 언제 우리 학교, 문학관 3층의 내 방으로 와 봐! 같이 의논해 보자. 그동안 쓴 글도 가지고 오면, 내가 좀 봐 줄게!" 정혜는 이렇게 말하는 자신이, 자신의 위치가 너무 자랑스러웠다. 늘 부잣집 도련님, 경민에게 주눅이 들어 있던 학창 시절이었다. 늦게 학교 일을 마치고 나면, 검은색 세단이 경민을 데리러 왔고, 운전기사가 전해 주는 도시락도, 정혜는 한 번도 보지 못한 음식들로 가득했다. '아! 그 친구는 나와는 전혀 다른 세계에 사는 사람이구나!' 정혜는 이렇게 단정을 짓고, 자신을 향한 그의 마음 따위는 쳐다보지도 못했다. 늘 누군가에게 쫓기 듯이 산 세월이었기에…!

4. 긴 벚꽃 길 위에서

그 후, 경민이 정혜의 학교에 찾아온 것은 첫 만남 후, 1주일이 지난 오후였었다. 그는 한아름 분홍과 보라의 '봄꽃'을 안고 찾아왔는데, 연한 하늘색의 셔츠와 푸른색의 청바지가 그의 마음을 나타내는 듯하였다. 그가 쓴 글을 쭉 읽어 보니, 그동안의 긴 외국 생활에서 느낀 고국에 대한 절절한 그리움과 홀로 된 뒤, 홀로 사는 쓸쓸함, 외국에서 한국의 대표자로 자신의 일을 하면서 느낀 점 등등을 솔직하게, 담백하게 쓴 글이어서, 모든 사람들의 공감을 얻을 만하였다. 정혜는 자신이 '추천사'를 써 주기로 하고, 잘 아는 출판사와 연결해 주기로 하였다. 마침 출판사에서도 새로운 작가를 찾고 있었기에 서로에게 잘된 일 같았다. 경민에게서 다음 주에 같이 '율동 공원' 근처에서 같이 저녁 식사를 하자는 전화가 왔고, 정혜는 다소 떨리는 마음으로 그 날을 맞이했다. 이번에는 밤 벚꽃이 쭉 늘어진 호숫가를 정면에서 바라보는 위치에 있는 고급 '프랑스 식당'이었다. 경민은 가장 긴 세월을 프랑스에 있었고, 아직도 딸은 그곳에서 공부를 하고 있어서 1년에 두세 번씩은 그 곳을 방문한다고 하였다. 정혜는 프랑스 음식을 잘 모르기에 전적으로 그의 도움으로 음식을 선택하고, 그가 권하는 와인을 마셨다. 세련된 매너와 불어로 음식을 시키는 그의 모습이 멋있어서, 그녀의 가슴이 뛰고, 얼굴이 붉어진다. 아니, 그녀의 온 마음을 다 빼앗을 정도로 그는 매력적이었다.

경민은 자신의 결혼생활을 마치 고해 성사하듯이 정혜에게 설명을 해주었고, 그녀는 고개를 끄덕이며 듣고 있었다. 누구보다도 힘든 결혼 생활을 지속해 온 그녀이기에, 그의 이야기에 100%, 아니 그 이상을 이해할 수 있었다. 정혜도 자신의 이야기를, 소문과는 다른 부분들을 소상히 설명했다. 물론 그가 항간에 떠도는 터무니없는 소문을 다 믿을 리는 만무했다. 맛있는 음식과 더불어 향기로운 와인, 그리고 아주 예쁜 디저트까지 완벽한 저녁 식사였다. 식사 후, 다시 그들은 율동 공원의 긴 벚꽃 길을 걷기로 하였다. 그때는 누구라도 가슴 설레던, 봄밤이었다. 연분홍과 하얀 벚꽃이 저 하늘에, 그리고 온 길가에, 그리고 그들의 마음 속에 꽃 비가 되어 하늘하늘 떨어진다. 가로등은 오렌지색 불빛으로 흔들리고, 정혜는 이 모든 것들이 마치 꿈속처럼 느껴진다. 경민은 그의 손을 뻗어 정혜의 가늘고 하얀 손을 꼭 잡았다. 그리고는 같이 호수가 길을 걷는데, 거리의 벚꽃들이, 하늘에 날리던 벚꽃들이 일순간! 그녀에게 다 날아드는 듯하였다. '아! 이렇게도 아름다운 밤이라니……'

그동안에 정혜가 걸은 그 험난한 길들이, 마치 오늘을 위해 마련된 것 같았다. 그런 힘든 길을 걷지 않았다면, 오늘의 그녀는 존재하지 않을 것이기 때문이다. 경민은 예의 바르고, 배려 깊은 눈으로 그녀를 바라보며 말하였다.

"정혜야! 나는 너를 그 어린 시절부터 좋아했었다. 너는 그런 나를 알면서도 바라봐 주지 않았지? 이제 우리는 둘만 생각하면 되는 나이잖아? 지금까지의 네 모든 아픔은 이제 내가 다 하나하나 갚아 줄게! 앞으로는 같이 두 손 잡고, 이 긴 벚꽃 길만 걸어가자! 사랑한다. 너를 정말…!"

그의 떨리는 입술이 그녀에게 영화 속 한 장면처럼, 슬로우 모션으로 다가온다. 정혜의 귀에서는 "땡그랑~~ 땡그랑!" 하면서, 큰 종소리가 울리고, 그녀도 그의 입술을 가만히 받아들인다. 이렇게 잊지 못할 그 둘만의 아름다운 봄밤은, 분홍의 벚꽃 향기만을 남기고 서서히 사라져 간다.

5. 한여름의 세레나데

사람이 사람을 그리워해서 그를 보고파하고,
가슴이 저리도록 생각이 나는 것은
그 얼마나 다사로운 일인가요?

사람이 사람들과 더불어 사랑을 나누고
따뜻한 정을 나누는 일은 가만히 피어 있는 꽃보다
얼마나 향기롭고 또 얼마나 따뜻한 일인가요?

내가 그대와 더불어 삶을 이야기할 수 있고
긴 인생의 길에서 다정한 벗으로 함께 살아가는 것은,
그 얼마나 삶의 눈부신 순간이었던가요!

꿈처럼 아름답고 설레이던 첫 봄이 그들 사이에서 벚꽃이 지듯이 빠르게 지나고, 그들도 덥고 후덥지근하게 지루하던 여름을 맞았다. 여름엔

대학교에도 긴 방학이 있어서, 정혜도 오랜만에 쉬면서, 글도 쓰고 무엇보다도 경민과 둘이서 보내는 시간이 많아서 좋았다. 경민도 긴 휴가를 내어, 정혜와 멀지 않은 근처의 펜션이나, 리조트에 주말마다 묵고 온다. 정혜는 가끔씩, 경민의 집에 들러 그가 좋아하는 밑반찬을 해 주고, 가끔은 이불 빨래도 해 주고 온다. 깔끔한 사람이지만, 역시 혼자 사는 남자 특유의 냄새도 있고, 뭔가 여자가 없는 살림이어서, 사방이 어수선하다. 아직도 소년 같은 순수한 면이 많은 그이기에, 정혜는 그를 돌보아 주는 일들이 즐겁고, 자신이 해주는 일들이 그에게 보탬이 되기에 보람이 있었다.

 이렇게 가끔씩 그의 집에, 때로 정혜의 집에 초대해서, 같이 맛있는 음식도 해 먹으며 그들은 화초를 키우듯이, 조심스레 그 둘만의 사랑을 키워 나갔다. 한 발자국씩, 조심스럽게, 결코 서두르지 않으며 그렇게 감정에 휩쓸리지 않는 '성숙된 관계'로 나아가는 것이 좋았다. 연애와 사랑이 처음이 아니기에, 더더욱 둘은 조심스레 자신들의 감정을 이어 나갔는데, 그것은 다시 이별하지 않으려는, 실패하지 않으려는 그들의 의지였다.

 정혜의 여름방학을 맞아, 둘이는 같이 딸이 있는 '프랑스'에도 가고, 그녀의 강원도 오지의 '고향 집'에도 다녀왔으며, 주말마다 한국의 곳곳을 여행하였다. 경민은 사진에도 조예가 깊어서 가는 곳 마다 사진을 찍어, 다음 번 책에서는 한국의 곳곳을 다닌 경험으로 '한국의 소소한 여행기'를 쓰고 싶다고 했다.

 정혜는 그가 여행기를 쓰는 동안에 그녀에게 의뢰가 들어온 시며, 소설

등의 비평을 쓰며 바쁘게 보냈다. 이제 학기가 시작하는 9월에는 지난 학기보다 몇 개의 강의가 더 있고, 대학원생들의 강의도 있다. 가끔씩 그녀에게 '외부 강의'도 들어온다. 또한 9월 중순에는 그동안 준비해 오던, 경민의 '에세이집'도 발간될 예정이다. 가끔 가던 율동 공원에도 이제 가을이 시작되어 가고 있었다.

6. 가을은 깊어 가고…

계절 중에서 가장 아름다운 10월이 되었다. 그녀가 아름다운 가을을 사랑하는 이유는, 지독히도 긴 여름의 더위를 이겨 낸 후의 가을이라는 시간은 마치 먼 길을 돌아온 자의 '평안한 안식'처럼 주어지기 때문이리라! 이제 막 가을이 무르익기 시작하는 가을의 주말이었다. 정혜와 경민은 낙엽이 발밑에 수북이 쌓인 호숫가 길을 손잡고 걷고 있다가, 잠시 쉬려고 정혜가 벤치에 앉아 있는데, 경민이 낙엽이 가득한 호수가 길의 벤치에 앉아 있는 정혜에게 갑자기 다가오더니, 그녀의 손에 '반짝이는 반지'를 끼워 준다. 그리고는 그녀 앞에 정중히 무릎을 꿇고, 떨리는 목소리로 청혼을 하는 것이다.

"정혜야. 나랑 결혼해 줘. 너랑 우리 앞에 남은 긴 여행길을 같이 손잡고, 걸어 가고 싶다." 그의 눈에 희미하게 눈물이 맺히고, 그녀의 손에도 눈물이 방울방울 맺혀 "또르르" 하며 떨어진다. "응. 그럴게. 경민 씨! 우리 같이……"

정혜가 미처 대답을 끝내기도 전에, 뜨거운 경민의 입술이 걷잡을 수 없이 그녀에게 덮쳐 온다. 그것은 그동안, 미처 말로 꺼내지 못한 오랜 동안의 '기다림'이었다. 그들은 꼭 껴안고, 오래오래 벤치에서 서로의 온기를 느끼며 안고 있었다. 정혜는 '이렇게 여기서, 나의 모든 시간이 끝나도 좋으리라.' 생각을 한다. 사실, 그동안 정혜는 늘 변함없는 경민의 사랑과 그의 배려에 깊이 감사했다. 그러나 마음 한편에서는 그들의 사랑이 현실이 되기를 두려워하는 마음이 있었다. 오랜 동안의 솔로 생활이 그들을 주저

하게 만들었지만, 경민은 드디어 결심한 모양이었다. '그녀라면, 정혜라면…, 이 모든 것을 이겨낼 수 있으리라!' 정혜도 경민과 함께라면, '이 모든 힘듦과 사랑의 지난한 긴 과정들을 이겨 낼 수 있으리라!' 그녀도 마음에 굳은 결심을 한 모양이었다.

그들의 '결혼'은 정혜의 방학이 시작되는 12월 말에 할 것 같다. 그리고 같이 방학 내내, '유럽'에서 긴 신혼여행을 보내게 되리라. 겨울날, 추운 강가에서 얼음을 깨고, 아직도 물고기를 잡으시는 아버지와 사철 내내, 허리가 굽도록 밭일을 하시는 거친 어머니의 얼굴에 오랜만에 환한 웃음 꽃이 가득히 피었다. 늘 나를 걱정하시던 교장 선생님과 대학교의 내 동료들, 그리고 내 가까운 친구들, 특히 은희는 자신의 일처럼 기뻐한다. 정혜는 다시 사랑을 느끼며, 포기했던 자신의 삶에 온기가 도는 것을 느낀다. 그녀는 경민 에게 자신의 마음을 담아 '손 편지'를 썼다.

사랑하는 경민 씨에게

나는 그대가 오래도록 행복했으면 좋겠다.
우리가 걸어온 삶의 길에서 때로는 비 맞고,
슬픔에 옷이 젖어도, 이 세찬 비 뒤에는
황홀한 무지개가 뜰 것을 믿기에……
오늘도 나는 대답 없는 그대가 걷고 있는,
그 고단한 길을 한결같은 마음으로 응원하리라.

어느새 겨울은 가고 봄이 찾아온 건가?
이제, 겨울 눈비 내린 습한 날씨를 벗어나,
가만히 귀 기울이면 얼음장 아래에서,
쌓인 눈 더미 아래에서 흔적도 없던 새싹들이
햇살을 받아 보스름이 돋아나고
네 긴 한숨이 봄빛 햇살을 받아, 드디어
환한 미소로 꽃 피어나기를…!

(늘 당신을 사랑하는 정혜가…)

이렇게 그들의 삶도 석양을 등지고 흘러가는, 저 긴 강물처럼 아름답게 흘러갈 것이다. 물론 그들의 삶에도 다른 인생들처럼 비도 내리고, 천둥. 번개도 칠 것이지만, 오랫동안을 마음으로만 사랑한 그들이기에 그 무엇도 그들의 사랑 앞에는 장애가 되지 않으리라.

온 세상에 거친 비가 내리고, 세찬 바람이 불어도, 그들이 꼬옥 잡은 두 손만은 결코 놓지 않으리라! 그들이 바라보는 저 먼 곳, 항상 꿈꾸었던 '황홀한 무지개'가 뜨는 곳으로, 그들은 서로를 의지하며 한결같은 다정함으로 그들의 먼 인생길을 웃으며, 같이 걸어갈 것이다.

작가후기

시간이 이렇게 빠르게 내 곁을 스치듯이 흘러감이 믿기지 않는 요즈음이다. 2024년 12월…, 유난히 연말이 되면 마음이 어수선한데, 이 와중에 나라의 큰 사건들로 인해 그해의 추운 겨울은 마치 얼음조각처럼 조금만 균열이 일어나도 산산이 부서질 듯한 위태감마저 있었다. 그때 마침, '노벨 문학상'을 받은 '한강' 작가가 스웨덴에서 보여 준, 그녀의 용기와 큰 상을 받음에도 담담한 소감은 충분히 아름다웠고, 못내 감동스러웠다. 아직 세계 곳곳에서 전쟁 중인데, 자신의 수상을 위해 특별한 파티나, 축하 모임을 전혀 하고 싶지 않다고 하여, 그 모든 '축하 행사'들은 중단되었다.

이제 이곳 부산에서 11월부터, 아름다웠던 단풍이 아직도 붉게 물들어 늦가을 같은 정취를 보여 준다. 이제 이 곳에도 시간의 흐름대로, 추운 겨울이 다가오리라. 겨울을 이겨 낼 힘은, 봄이 우리에게 어김없이 다가온다는 것을 믿기 때문이다. 겨울에서 봄 사이, 우리의 육체는 볼품없이 움츠려 들지만, 그럼에도 살아 있는 영혼의 힘으로 나아갈 수 있는 것은, 봄햇살 같은 노란 '수선화'가 땅 속에서 봄의 찬란한 부활을 꿈꾸며 살아 있기 때문일 것이다.

모든 아쉬움과 후회의 순간들을 깨끗이 털어 내고
아름다운 2025년, 가을과 더불어 오는 모든 시간들에
사랑하는 독자 한 분, 한 분께 부디 "늘 행복하시라~"는

마음 속 깊은 감사함을 담아, 이 책 한권을 보내 드린다.

2025년 찬란한 가을을 기다리며

작가, 김윤미 드림

누구라도 한 번쯤,
꽃피우지 않으리

ⓒ 김윤미, 2025

초판 1쇄 발행 2025년 9월 15일

지은이	김윤미
펴낸이	이기봉
편집	좋은땅 편집팀
펴낸곳	도서출판 좋은땅
주소	서울특별시 마포구 양화로12길 26 지월드빌딩 (서교동 395-7)
전화	02)374-8616~7
팩스	02)374-8614
이메일	gworldbook@naver.com
홈페이지	www.g-world.co.kr

ISBN 979-11-388-4204-4 (03810)

- 가격은 뒤표지에 있습니다.
- 이 책은 저작권법에 의하여 보호를 받는 저작물이므로 무단 전재와 복제를 금합니다.
- 파본은 구입하신 서점에서 교환해 드립니다.